2015年江苏高校"语言能力协同创新中心"研究成果
国家语委2015年一般项目"听障人员普通话水平替代性测试研究"（项目批准号：YB125—181）
国家语委"十二五"科研规划2012年度重大项目"国家手语词汇语料库建设"（项目批准号：ZDA125—8）
2015年江苏高校品牌专业（特殊教育专业）建设项目（项目编号：ppzy2015B199）
2016年度省高校哲学社会科学研究指导项目——听障人员普通话水平测试策略研究（项目批准号：2016SJD740012）

手语技能

（第2版）

史玉凤　主编

南京师范大学出版社

图书在版编目(CIP)数据

手语技能 / 史玉凤主编. — 2版. — 南京：南京师范大学出版社，2017.8

(21世纪特殊教育精品规划教材)

ISBN 978-7-5651-3410-4

Ⅰ.①手… Ⅱ.①史… Ⅲ.①手势语－中国－特殊教育－教材 Ⅳ.①H126.3

中国版本图书馆CIP数据核字(2017)第156556号

丛 书 名	21世纪特殊教育精品规划教材
书 名	手语技能（第2版）
主 编	史玉凤
责任编辑	左 宓
出版发行	南京师范大学出版社
地 址	江苏省南京市宁海路122号（邮编：210097）
电 话	(025)83598919(总编办) 83598412(营销部) 83598297(邮购部)
网 址	http://www.njnup.com
电子信箱	nspzbb@163.com
照 排	南京理工大学资产经营有限公司
印 刷	扬州市文丰印刷制品有限公司
开 本	787毫米×1092毫米 1/16
印 张	20.25
字 数	481
版 次	2017年8月第2版 2017年8月第1次印刷
书 号	ISBN 978-7-5651-3410-4
定 价	49.80元

出 版 人 彭志斌

南京师大版图书若有印装问题请与销售商调换

版权所有 侵犯必究

序

特殊教育经过两个多世纪的发展历程,逐步形成了自己独特的话语体系、概念范畴和研究领域。特殊教育领域是一个高度综合性、专业化的领域,因此,特殊教育教师不仅要具备普通教育教师应具备的基本技能,还要具备与各类特殊儿童进行沟通与交往,针对各类特殊儿童的发展状况展开适当教育活动的特殊技能。

残疾群体自始至终是社会的一部分,即使现在经济高速发展、物质条件提高、医学技术进步,我们也不能消除残疾。对于残疾人在生活中的种种不便,社会往往期待残疾人主动适应,而忽略了可以通过环境调整为其排除障碍。如,我们常常觉得听觉障碍者存在听觉障碍,他们在收看电视节目时不能听到声音,只能通过观看电视画面猜测节目所表达的含义,而其实如果我们将每个电视节目都打上字幕就可以解决部分问题。另外我们在电视上,尤其是在新闻类节目中也会接触到手语。这一做法,其实也是一种"通用"概念的体现。

一名叫弗兰西斯·帕森斯的美国聋人说过:"手语是聋人的母语,从聋人手中夺走手语,无异于从跛子手中夺走拐杖。"手语是聋人生活、学习、工作中不可或缺的重要交际工具,是听觉障碍者与健听人沟通思想、传递信息的手段和桥梁,也是社会各界,特别是从事残疾人工作的人士应该学习、掌握的重要交际工具。对于从事聋教育的工作人员,在对听觉障碍者进行思想教育、实施教育教学计划、组织教学,帮助听觉障碍者学习科学文化知识时都必须使用手语。对于从事手语翻译的工作人员,只有掌握好手语技能,才能更好地为听觉障碍者服务。对于特殊教育专业的学生,通过科学合理的训练,结合手语于相关课程教学活动,能够促进学生进一步掌握特殊教育教师必备的各类基本技能,进而能将所学的知识运用到今后的教学实践中。除此之外,对于并非从事听觉障碍工作的人而言,学会一些简单的手语不仅可以拉近其与听觉障碍者之间的关系,也便于他们在一些复杂环境中(如过于嘈杂的环境中)相互交流。

手语是特殊教育专业学生必须掌握的一项技能,也是南京特殊教育师范学院的突出办学特色,是对学生进行重点培养和考核的专业技能。手语技能主要是学生熟练运用手语进行表达及与聋人之间进行沟通的活动方式,要求学生能够运用学过的手势语进行交流,做到手势姿势正确,表情到位,能够根据手语运用原则和手语词汇设计方式正确表情达意。

本书主编和参编人员在编写此书的过程中付出了辛勤的劳动,对书中每一个手语动作和动作说明都做到了精益求精,可以说此书为手语教学事业的推进做出了重要贡献。

在此，向本书主编史玉凤老师和其他参编人员表达深深的感谢，正因为有你们的辛勤付出和努力坚持，才使本书得以顺利出版。

如果本书能为手语教育工作者们提供一些有益的参考或范例，就将有无数的听障儿童及其家庭受益！这也是我所期待的。

田寅生

原南京特殊教育师范学院
特殊教育学院院长
现南京旅游职业学院副院长
2017 年 5 月

前　言

手语是特殊教育专业及手语翻译专业学生必须掌握的一项技能。推广规范、通用的中国手语，为广大聋人创造无障碍交流的环境，为构建和谐社会尽责尽力，是广大手语研究者、聋教育工作者的责任与义务。

本教材的编写目的，在于让学生进一步加深对手语基本理论的理解，掌握手语词汇的设计原则与方式，了解手语的表达特点，并学会应用一些翻译方法与技巧，提高熟练运用手语进行翻译的实践能力。通过三年的专业学习，学生要能熟练掌握中国聋人自然手语和现行中国通用手语的使用，了解国内外手语发展及使用状况；能够准确恰当地将汉语与手语互相翻译，为聋人和普通人沟通思想感情、充分交流信息、学习知识经验搭建畅通的"桥梁"。

本教材在编写中根据本专业的工作特点，以能力培养为出发点，将本教材的编写分为两个大的板块：一是基础部分，内容主要包括手指语、手势语词汇（一）、场景手语对话练习（一）及主题片段练习；二是提高拓展部分，内容主要包括手势语词汇（二）、场景手语对话练习（二）及同声传译。《手语技能》适合手语翻译专业学生、听障教育学生使用，也适合手语爱好者及一切从事与听觉障碍者有关工作的人员练习使用。与市场上同类图书比较，本教材体现出以下特点。

（1）遵循循序渐进的原则，全书共分为"基础部分"和"提高拓展部分"，适应不同手语水平人员的学习。

（2）本教材的编写体例是：词汇—句子—场景对话—篇章练习。

练习题是本教材的一个主要组成部分，是学生课后复习及课前预习的主要依据。练习大体分为如下几类：一为词语翻译，提醒学生积累词语的重要性；二为句子翻译，主要针对"译句分析"而设，希望学生通过练习切身感受两种语言间的异同；三为场景对话练习，让学生通过场景对话的模拟练习，掌握聋人学习、生活中的常用语，进一步加深对聋人的了解；四为短文翻译，内容包括生活篇、教育篇等，生活味浓，趣味性强，此题主要是为了给学生提供灵活运用的机会，同时也为那些对手语翻译感兴趣的学生提供课外练习的资料。

（3）注重打手语与看手语相结合。因为"看手语"比较难，本教材针对这一方面的特点，特别安排了场景手语对话练习（一）和场景手语对话练习（二）两章，模拟不同行业、不同场景、不同交流对象的情景间对话进行练习，掌握聋人常用的生活、学习、交往语言，选择的手语示范有健听人，也有聋人，让学习者多方位、多角度地接触不同内容、不同场景、不同风格的手语。

（4）本书力求课内与课外、校内与校外相结合，鼓励学生从课堂内走向课堂外，带着训练内容从学校走向社会,向不同文化层次、不同年龄段的聋人请教、学习,提高自己的手语技能。

(5) 图文并茂,重点突出。书中的词汇都有配图,以便学生结合图和文字,更好地把握词汇的内容;书中还对同声传译部分中的重点和难点部分进行了图的搭配和注解,特别是对意译部分做了手势翻译。

(6) 本修订版在原有内容的基础上,新增了部分经济、哲学、伦理、心理、行为等方面的词汇;对部分词汇的图示进行了修改;重新拍摄了部分场景手语对话及同声传译中的图示,手势动作更准确、清晰,速度更适中,更符合手语学习的需求。除此之外,还增加了索引,便于读者查阅。

本书由史玉凤主编,参编人员有宋春秋、李明扬、韩梅和涂佳丽。宋春秋、韩梅负责第一、第二和第四章,史玉凤和涂佳丽负责第三、第五、第六和第七章。全书由史玉凤统稿,韩梅参加部分统稿工作;李明扬专门负责此书中的词汇、场景对话及其录音片段的拍摄、图片制作与影像的制作;南京特殊教育师范学院手语翻译专业的涂佳丽、李侠、王小凤、张跃、刘敏依、朱慧琳、戚杨洋、张诗媛、范轻舟、张雪、张云等同学做了不少书稿的打印、图片采集及图片编辑的工作;本教材中手语示范者分别为涂佳丽、李侠、王小凤、帅文雨、王宁、赵晓悦、王于鸿、郝华龙,在此表示深深的感谢!

感谢田寅生教授(原南京特殊教育师范学院特殊教育学院院长,现南京旅游职业学院副院长)一直以来的关心与帮助;感谢我校特殊教育学院谈秀菁院长的鼓励与指导;感谢恩师王俊国老师多年来的辛勤指导。

手语技能实践操作性强,所涉及的知识面比较广,由于编者水平有限,书中难免有错误、缺漏和不当之处,敬请广大读者批评指正,多提宝贵意见,以便今后不断地完善。

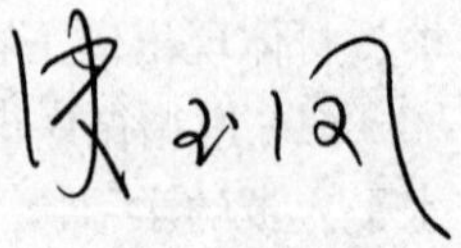

2017 年 4 月

目 录

序 ·· (001)

前言 ·· (001)

上篇　基础部分

第一章　手指语 ·· (003)

第二章　手势语词汇（一）·· (011)

第一节　人、称谓、职业类常用词语 ··· (011)

第二节　服饰、食品、生活用品类常用词语 ······································· (031)

第三节　日常生活、工作、社会活动类常用词语 ································ (039)

第四节　心理、行为、情绪类常用词语 ··· (055)

第五节　事物的状态、性质、特点类常用词语 ··································· (062)

第六节　经济、交通、数字类常用词语 ··· (072)

第七节　文化、教育、体育、卫生类常用词语 ··································· (093)

第八节　时间、节日、空间类常用词语 ··· (109)

第九节　天文、地理类常用词语 ··· (117)

第十节　其他常用词语 ·· (122)

第三章　场景手语对话练习（一）·· (127)

第四章　主题片段练习 ··· (130)

下篇　提高拓展部分

第五章　手势语词汇（二）·· (137)

第一节　服饰、食品、生活用品类拓展词语 ······································· (137)

第二节　生活、工作、社会活动类拓展词语 ······································· (147)

第三节　事物的状态、性质、特点类拓展词语 ··································· (156)

第四节　民族、宗教、历史类拓展词语⋯⋯⋯⋯⋯⋯⋯⋯⋯⋯⋯⋯⋯⋯（176）

第五节　政治、法律类拓展词语⋯⋯⋯⋯⋯⋯⋯⋯⋯⋯⋯⋯⋯⋯⋯⋯（184）

第六节　国防、战争、外交类拓展词语⋯⋯⋯⋯⋯⋯⋯⋯⋯⋯⋯⋯⋯（198）

第七节　文化、教育、体育、医疗卫生类拓展词语⋯⋯⋯⋯⋯⋯⋯⋯（206）

第八节　时间、空间类拓展词语⋯⋯⋯⋯⋯⋯⋯⋯⋯⋯⋯⋯⋯⋯⋯⋯（225）

第九节　哲学、伦理、心理、行为类拓展词语⋯⋯⋯⋯⋯⋯⋯⋯⋯⋯（228）

第十节　数学、物理、化学、信息技术、生物类拓展词语⋯⋯⋯⋯⋯（243）

第十一节　天文、地理类拓展词语⋯⋯⋯⋯⋯⋯⋯⋯⋯⋯⋯⋯⋯⋯⋯（254）

第六章　场景手语对话练习（二）⋯⋯⋯⋯⋯⋯⋯⋯⋯⋯⋯⋯⋯⋯⋯⋯（266）

第七章　同声传译⋯⋯⋯⋯⋯⋯⋯⋯⋯⋯⋯⋯⋯⋯⋯⋯⋯⋯⋯⋯⋯⋯⋯（271）

附录　手语考级样卷⋯⋯⋯⋯⋯⋯⋯⋯⋯⋯⋯⋯⋯⋯⋯⋯⋯⋯⋯⋯⋯⋯（298）

索　引⋯⋯⋯⋯⋯⋯⋯⋯⋯⋯⋯⋯⋯⋯⋯⋯⋯⋯⋯⋯⋯⋯⋯⋯⋯⋯⋯⋯（307）

上篇
基础部分

第一章 手指语

 学习目标
- 熟练、准确地打出 30 个汉语手指指式。
- 能够运用汉语手指字母指式拼打词语和句子。
- 能够看懂他人打出的手指语,并根据教育教学要求运用手指语。

一、拼打汉语手指语的要求

(1) 拼打出的手指字母要清晰、准确,不随意附带多余动作。

(2) 身体端正,手臂自然弯曲,手要放在嘴唇的附近,头要端正,目光平视前方。

(3) 拼打汉语手指字母时,一般情况下是用右手打出,特殊情况(如肢体残疾者)时也可以用左手,但拼打方向应做相应的改变。

(4) 拼打手指字母指式时要有一定的稳定性,不能摇晃,姿势力求美观大方。

(5) 运用手指字母拼打词语时,先打出音节的声母,再依次打出音节的韵母,按汉语拼音的音节表达顺序打出词语;要完全按照汉语普通话的拼音发音及顺序拼打,不受方言和其他语言形式的干扰;要注意词语中每个字之间的停顿。

(6) 运用手指字母拼打句子时,注意句子中每个词语之间的停顿。因为拼打句子时指式较多,因此更要注意指式的准确、规范、清晰、力度与节奏。

(7) 拼打汉语手指语时应适当配合口语,口语和手语要一致,口型准确,边说边打。

二、汉语手指字母方案

汉语手指字母用指式代表字母,按照汉语拼音方案拼成普通话,作为手语的一种——指语。

汉语拼音方案所规定的 26 个字母,用下列指式表示。

A 拇指伸出,指尖向上,其余四指握拳。

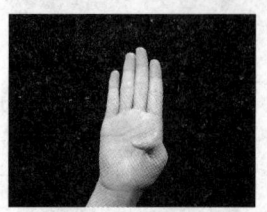

B 手掌伸直,拇指弯曲贴在手心,其余四指并齐,指尖向上,手心向前、偏左。

C 拇指在下,指尖向上弯曲,其余四指并齐,向下弯曲,相对成"C"形,虎口朝里。

D 手握拳,拇指搭在中指第二指节上,虎口朝向后上方。

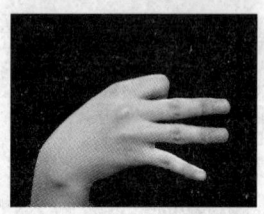

E 中指、无名指、小指三指伸直、张开,指尖向左,手背朝外,拇指和食指弯曲,拇指搭在食指上。

F 食指、中指两指伸直、张开,指尖向左,手背朝外,其余三指弯曲,拇指搭在无名指上。

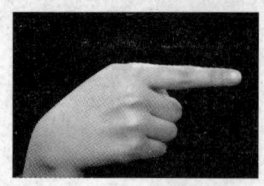

G 食指伸直,指尖向左,其余四指握拳,手背朝外。

H

　　食指、中指二指并拢伸直,指尖向上,手心向前偏左,其余三指弯曲,拇指搭在无名指上。

I

　　食指伸直,指尖向上,其余四指握拳,拇指搭在中指上,手心向前、偏左。

J

　　食指弯曲,其余四指握拳,拇指搭在中指上,手心向前、偏左。

K

　　食指伸直,指尖向上,中指伸直跟食指呈90度角,拇指跟中指交叉相搭,其余两指弯曲,虎口朝里。

L

　　拇指、食指二指伸直分开,形成"L"形,其余三指握拳,虎口向上,手心向前偏左。

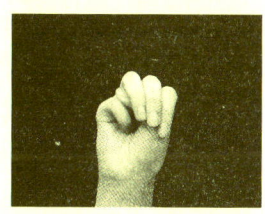

M

　　拇指和小指弯曲,拇指搭在小指第二指节上,其余三指并齐并向下弯曲,指尖稍向下倾斜,临空压在拇指上,手心向前偏左。

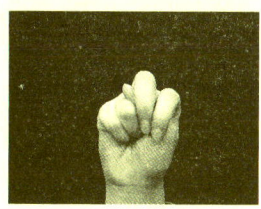

N

　　无名指、小指弯曲,拇指搭在无名指上,其余二指并齐并向下弯曲,指尖稍向下倾斜,临空压在拇指上,手心向前偏左。

O
食指、中指、无名指、小指四指并齐弯曲,拇指跟食指、中指相抵成空拳,虎口朝里,如"O"形。

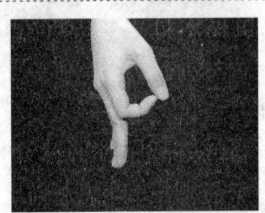

P
拇指跟食指相抵成圆圈,其余三指伸直并齐,指尖向下斜伸,虎口向外稍倾斜。

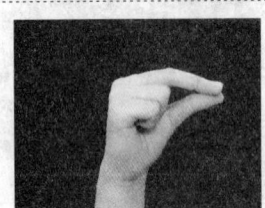

Q
拇指跟食指、中指相捏,其余二指弯曲,虎口朝里偏左。

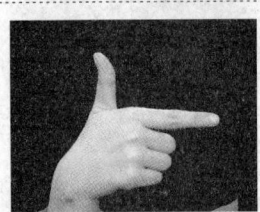

R
拇指、食指伸出,拇指指尖向上稍斜,食指指尖向左,手背朝外,其余三指握拳。

S
食指、中指、无名指、小指四指并齐弯曲与手掌成90度角,拇指向上伸出,手心向左前方。

T
拇指跟中指、无名指相抵,成圆圈,食指和小指伸出,指尖向上,手心向前偏左。

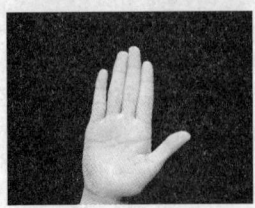

U
手掌伸直,食指、中指、无名指、小指四指并齐,指尖向上,拇指与食指分开,手心向前偏左。

V

食指和中指伸直分开,成"V"形,指尖向上,其余三指弯曲,拇指搭在无名指上,手心向前偏左。

W

食指、中指、无名指三指伸直分开,成"W"形,指尖向上,其余两指弯曲相搭,手心向前偏左。

X

中指搭在食指上,成交叉形,指尖向上,其余三指中拇指搭在无名指上、小指自然弯曲,手心向前偏左。

Y

拇指和小指伸出,指尖向上,其余三指弯曲,贴近掌心,手心向前偏左。

Z

食指和小指伸直,指尖向左,手背向外,其余三指弯曲,拇指搭在中指和无名指上。

汉语拼音方案所规定的四组双字母(ZH、CH、SH、NG),指式表示如下。

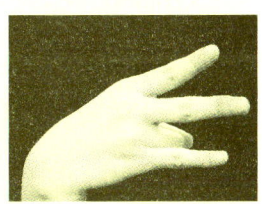

ZH

食指、中指、小指三指伸直,指尖向左,手背向外,拇指和无名指弯曲,拇指搭在无名指上。

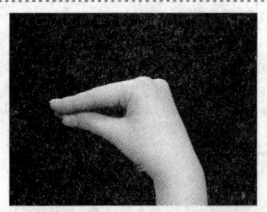

CH

食指、中指、无名指、小指四指并齐伸直与拇指相捏,手背向上。

SH

食指和中指并拢平伸与手掌成 90 度角,拇指向上伸出,无名指和小指弯曲贴在手心,手心向前偏左。

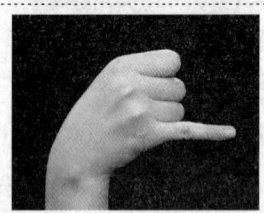

NG

小指伸直,指尖向左,其余四指握拳,虎口向上,手背朝外。

汉语拼音方案所规定的加符字母"ü"用原字母 u 的指式附加手指前后振动两下的动作表示。

阴平(‾),阳平(ˊ),上声(ˇ),去声(ˋ)四种声调符号,用书空(用手指在空中虚划字形)表示。隔音符号"·"也用书空表示。

 练习

1. 看拼音,打出相应手指语

a o e i u

g k h j q x

ia—ai ie—ei ui—iu

iang ing iong uan

2. 请用手指语打出下列词语

开门　毛巾　手帕　围巾　今天　太阳　月亮　星星
熊猫　人民　警察　国旗　手套　钥匙　书包　铅笔
北京　服装店　天安门　百货商店

3. 请用手指语打出下列句子

(1) 芸芸的铅笔芯断了。

(2) 麻雀从树上飞走了。

(3) 我喜欢弹钢琴。

(4) 屋子外面种着两棵树。

(5) 王老师是我们的班主任。

(6) 我们的祖国是中华人民共和国。

(7) 我们的国旗是五星红旗。

(8) 我们爱北京。

(9) 小学生在升国旗。

(10) 屋子里有写字台和书架。

(11) 我爱吃香蕉和苹果。

(12) 芹菜、卷心菜都是蔬菜。

(13) 值日生先洒水,再扫地。

(14) 冬冬在洗手帕。

(15) 老师带同学们去动物园。

(16) 我们看到了老虎、猴子和大象。

(17) 我们要遵守交通规则。

(18) 过马路时要走人行横道。

(19) 同学们在操场上踢足球。

(20) 老师给我们看长城的图片。

(21) 春天,我们喜欢放风筝。

(22) 池塘里开满了粉红色的荷花。

(23) 我们的学校非常漂亮。

(24) 青蛙是庄稼的好朋友。

(25) 秋天,天气渐渐凉了。

(26) 我喜欢弹钢琴。

(27) 冰箱里有黄瓜、西红柿和鸡蛋。

说明:要求听觉障碍专业及手语翻译专业的学生能熟练打出词语及句子,并且能看懂其他人打出的手指语。其他相关专业的学生一般只要求掌握 30 个汉语手指指式即可。

附:

汉语拼音字母表

汉语手指语是汉语拼音的一种手指表达形式,它与汉语的口语、书面语(拼音)的语序、语法相同。汉语中的任何一个词和句子都可以用汉语手指语表示出来。汉字的读音是由声母、韵母和声调三个要素简单组合而成。

1. **声母表**

拼音字母		
b	g	s
p	k	zh

（续表）

m	h	ch
f	j	sh
d	q	r
t	x	y
n	z	w
l	c	

2. 单韵母表

拼音字母		
a	e	u
o	i	ü

3. 复韵母表

拼音字母		
ai	ing	uai
ei	ia	ui(uei)
ao	iao	uan
ou	ian	uang
an	iang	un(uen)
en	ie	ueng
in	iong	üe
ang	iou	üan
eng	ua	ün
ong	uo	ng

第二章　手势语词汇（一）

  学习目标
- 熟练准确地打出手势语词汇和句子。
- 能够看懂他人打出的手势语词汇和句子。

第一节　人、称谓、职业类常用词语

一、人类常用词语

身体
　　双手掌心向内，贴于胸部，向下微移，表示身体。

人民
　　双手食指搭成"人"字形，并顺时针转一圈，表示"人多"的意思。

居民
① 双手搭成"∧"形，向下移动一下。
② 双手食指搭成"人"字形，并顺时针转一圈。

011

邻居

① 双手拇指、食指相捏,虎口朝上,互相靠近。
② 同"居民"手势①。

自己

一手食指直立,贴于胸部。

我们

① 一手食指指向自己。
② 一手横伸,掌心向下,在胸前顺时针平行转半圈。

大家

一手横伸,掌心向下,在胸前顺时针平行转半圈。

群众

用双手中指、无名指、小指分别搭成三个"人"字形,并顺时针转一圈。

同志

① 一手食指、中指横伸并分开,指尖朝左,手背向上,在胸前移动一下。
② 一手打手指字母"ZH"的指式。

同事

① 同"同志"的手势①。
② 双手握拳,右拳在上、左拳在下,右拳向下"砸"一下左拳。

同胞

① 一手食指、中指横伸并分开，指尖朝左，手背向上，在胸前移动一下。
② 伸双手拇指，互相靠拢并左右微动。

同学

① 一手食指、中指横伸并分开，指尖朝左，手背向上，在胸前移动一下。
② 双手斜伸，掌心向内，放于胸前，如读书状。

朋友

伸双手拇指，虎口朝上，互碰几下。

女（姑娘）

用右手拇指、食指捏一下右耳耳垂。

先生

伸一手拇指，其余四指弯曲，贴于胸部。

女士

 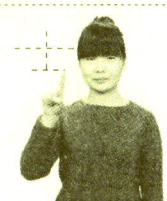

① 用右手拇指、食指捏一下右耳耳垂。
② 一手食指书空"士"字。

小孩儿（儿童、少年）

一手平伸，掌心向下一按。（根据儿童、少年不同身高而决定手的高度）

老人

① 一手张开，在颔下做捋胡须的动作，以长胡须来表示“老”。

② 双手食指搭成“人”字形。

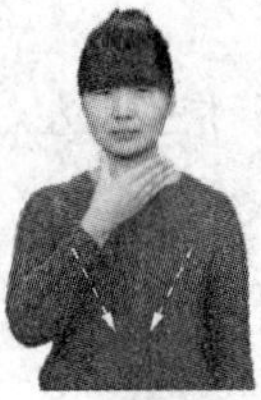
①

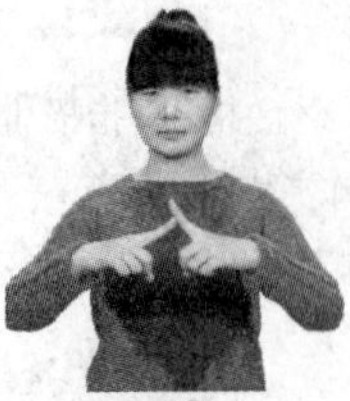
②

残疾人

① 双手横伸，掌心向上交替在上臂处划一下，象征不健全。

② 搭成“人”字形。

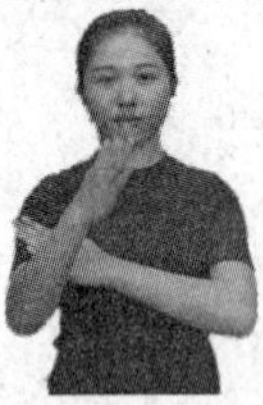
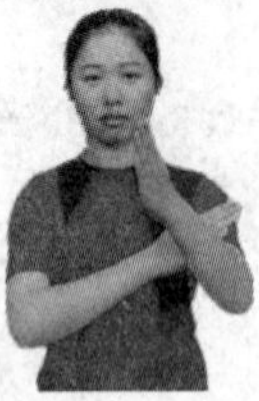
①

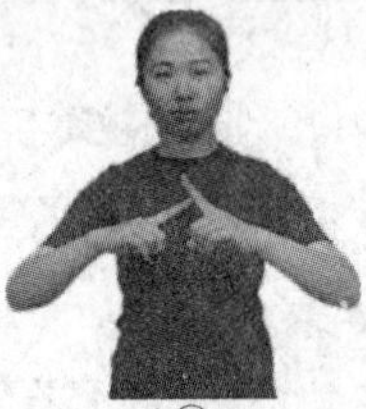
②

聋人

① 一手食指、中指直立，贴于耳部，表示耳聋。

② 双手食指搭成“人”字形。

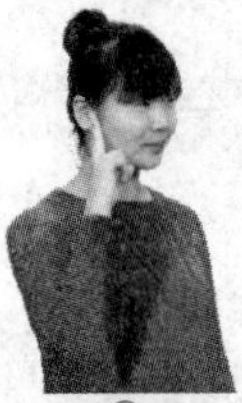
①

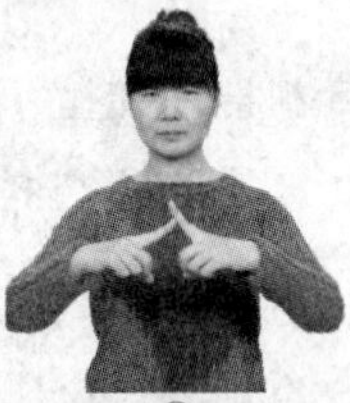
②

盲人

① 一手食指、中指直立并分开，贴于双眼部，双眼闭合，表示双目失明。

② 双手食指搭成“人”字形。

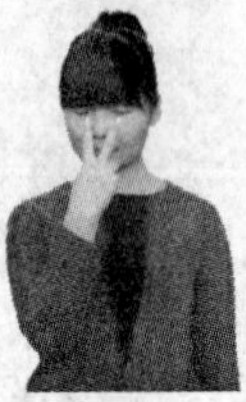
①

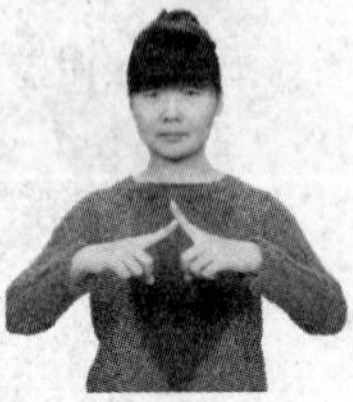
②

肢残人

① 右手横伸，掌心向上，划一下左臂。

② 双手食指搭成“人”字形。

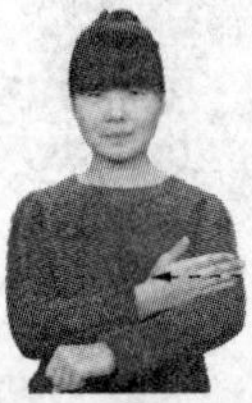
①

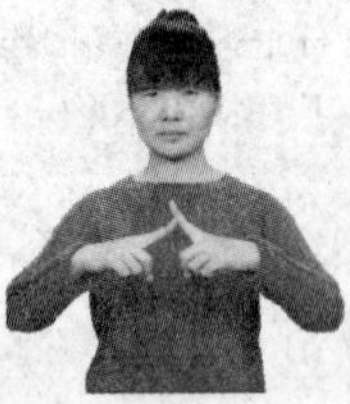
②

青年

一手掌心在颏下抚摸两下。

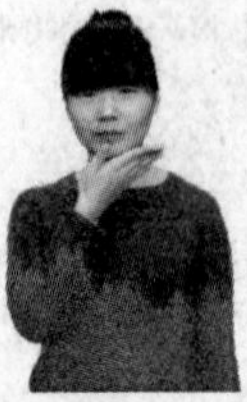

成年人(大人)

① 一手平伸,掌心向下,往上缓慢移动,表示长大。
② 双手食指搭成"人"字形。

弱智人

 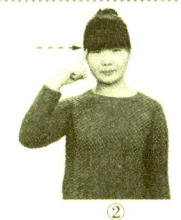

① 左手掌心向上横伸,右手伸拇指、小指,小指指尖抵于左手掌心上,并左右晃动。
② 一手食指指前额。
③ 双手食指搭成"人"字形。

姓名

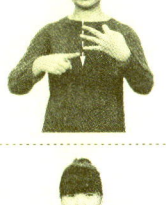

左手中指、无名指、小指横伸;右手食指指尖从左手中指指尖开始向下滑动。

手语

双手五指微曲,交替上下舞动,手指灵活屈伸,如打手势动作。

优秀

① 伸一手大拇指,向上移一下。
② 再将拇指置于脸颊,然后向前划出。

爱护

① 一手轻轻抚摩另一手拇指指背,表达出一种"怜爱"的情感。
② 伸左手拇指,右手微曲,绕左手半圈。

孤儿

① 一手食指直立贴于胸部,再向下微微划动一下。

② 一手平伸,掌心向下一按。(根据儿童、少年不同身高而决定手的高度)

二、称谓类常用词语

祖父(爷爷)

① 一手打手指字母"Z"的指式。

② 伸右手拇指,指尖左侧贴在嘴唇上。

祖母(奶奶)

① 一手打手指字母"Z"的指式。

② 伸右手食指,指尖左侧贴在嘴唇上。

外祖父(外公)

① 左手横立,掌心向内,右手伸食指在左手背外向下指。

② 一手打手指字母"Z"的指式。

③ 右手伸拇指,指尖左侧贴在嘴唇上。

外祖母（外婆）

① 左手横立，掌心向内，右手伸食指在左手背外向下指。
② 一手打手指字母"Z"的指式。
③ 右手伸食指，指尖左侧贴在嘴唇上。

父亲（爸爸）

右手伸拇指，指尖左侧贴在嘴唇上。

母亲（妈妈）

右手伸食指，指尖左侧贴在嘴唇上。

哥哥

一手先伸中指，指尖内侧贴于嘴唇上，然后手掌直立，五指并拢，在头一侧前后移动两下。

姐姐

一手先伸中指，指尖内侧贴于嘴唇上，然后拇指、食指捏耳垂。

弟弟

一手先伸小指，指尖内侧贴于嘴唇上，然后手掌直立，五指并拢，在头一侧前后移动两下。

妹妹

　　一手先伸小指，指尖内侧贴于嘴唇上，然后拇指、食指捏耳垂。

儿子（男孩）

　　① 手掌直立，五指并拢，在头一侧前后移动两下。
　　② 一手平伸，掌心向下一按。（根据儿童、少年不同身高而决定手的高度）

女儿（女孩）

　　① 同"女"的手势。
　　② 一手平伸，掌心向下一按。（根据儿童、少年不同身高而决定手的高度）

孙子

　　① 一手打手指字母"S"的指式。
　　② 一手平伸，掌心向下一按。（根据儿童、少年不同身高而决定手的高度）

孙女

　　① 一手打手指字母"S"的指式。
　　② 右手拇指、食指捏一下耳垂。

媳妇

　　① 一手打手指字母"X"的指式。
　　② 右手拇指、食指捏一下耳垂。

女婿

　　① 右手拇指、食指捏一下耳垂。
　　② 一手打手指字母"X"的指式。

伯父
① 一手打手指字母"B"的指式。
② 右手伸拇指,指尖左侧贴在嘴唇上。

伯母
① 一手打手指字母"B"的指式。
② 右手伸食指,指尖左侧贴在嘴唇上。

叔叔
① 一手打手指字母"SH"的指式。
② 右手伸拇指,指尖左侧贴在嘴唇上。

婶婶
① 一手打手指字母"SH"的指式。
② 右手伸食指,指尖左侧贴在嘴唇上。

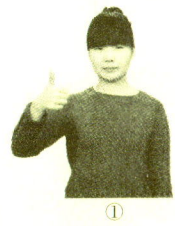

阿姨
① 一手打手指字母"A"的指式。
② 一手打手指字母"Y"的指式。

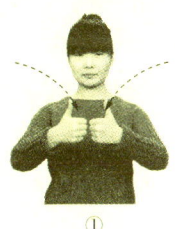

丈夫
① 双手伸拇指,虎口朝上,指尖相对,弯曲一下。
② 手掌直立,五指并拢,在头一侧前后移动两下。

妻子

① 双手伸拇指,虎口朝上,指尖相对,弯曲一下。

② 右手拇指、食指捏一下耳垂。

家属

① 双手搭成"∧"形。

② 左手直立,五指张开,右手食指直立并靠向左手,同时左手五指并拢。

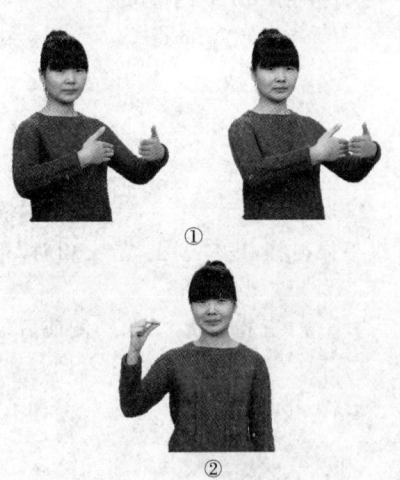

亲戚

① 双手横立,左手在前不动,右手向前贴向左手,表示亲近之意。

② 一手打手指字母"Q"的指式。

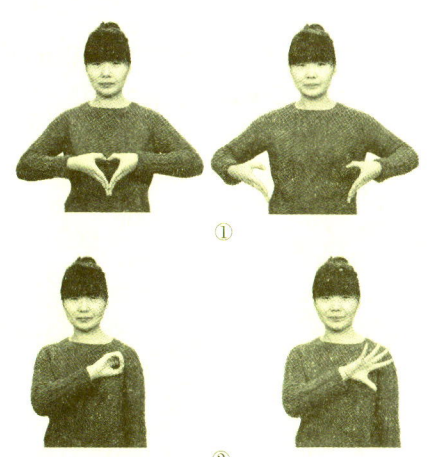

英雄(模范)
① 双手拇指、食指搭成"心"形置于腹部,然后向两侧拉开,表示勇敢。
② 右手虚握,手背向内,置于右胸部,然后放开五指,象征佩戴着光荣之花。

榜样
左手伸拇指;右手侧立,指向左手拇指。

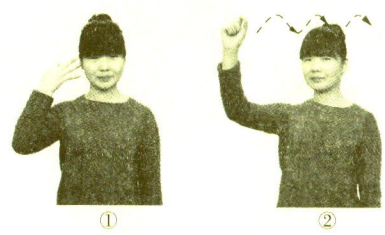

明星
① 一手中指、无名指、小指横伸置于耳边。
② 一手拇指、食指捏成小圆圈,在头上方一顿一顿地移动几下。

东道主
① 右手横立,指尖朝右。
② 双手侧立,掌心相对,相距约 20 cm,向前移动。
③ 一手伸拇指置于胸部。

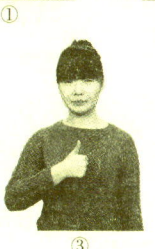

专家

① 左手伸食指,指尖朝前;右手五指张开,掌心向外,置于左手食指根部,然后边向前移动边握拳。
② 双手搭成"∧"形。

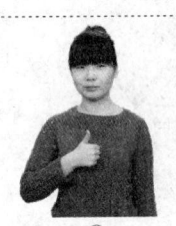 

师傅

① 同"先生"的手势。
② 一手打手指字母"F"的指式。

徒弟

左手伸拇指,象征师傅;右手伸小指贴于左手拇指指背,象征徒弟。

老板

① 同"老人"手势①。
② 右手拍一下右腹部。

顾客

① 一手打手指字母"G"和"U"的指式。
② 双手平伸,掌心向上,同时向一侧移动一下。

旅客

① 一手伸拇指、小指，顺时针平行转动一圈。
② 同"顾客"手势②。

华侨

① 一手五指撮合，指尖朝上，然后张开。
② 双手食指、中指微曲并分开，指尖相对，指背朝上，从中间向两侧下方做弧形移动。

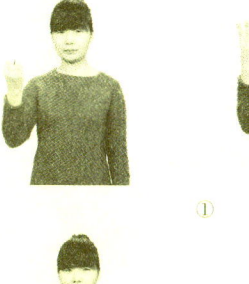

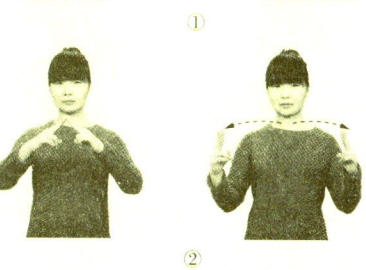

三、职业类常用词语

职业

① 一手打手指字母"ZH"的指式。
② 右手食指横于左手直立的食指、中指、无名指、小指根部，仿"业"的字形。

工人

① 左手食指、中指与右手食指搭成"工"字形。
② 双手食指搭成"人"字形。

农民

① 双手五指弯曲,掌心向下,一前一后,向后移动几下,如耙田的动作。

② 双手食指搭成"人"字形,并顺时针平行转动一圈。

公务员

① 双手拇指、食指搭成"公"字形。

② 右手拍一下左肩膀。

③ 右手拇指、食指捏成小圆圈贴于左胸部。

知识分子

① 一手食指点一下太阳穴处。

② 一手打手指字母"SH"的指式。

③ 双手食指搭成"人"字形,并从左向右移动一下,表示"分子"。

教师

① 双手五指撮合,指尖相对,手背向外,在胸前前后晃动几下,表示传授之意。

② 右手伸拇指置于胸部。

教练

① 同"教师"手势①。

② 左手横伸,掌心向上;右手掌心向下平伸,掌心、手背在左手掌心上交替蹭一下。

翻译

一手食指、中指直立并分开,指背先贴于嘴部,再翻转为指背朝外,表示将一种语言翻译成另一种语言。

记者

① 一手打手指字母"J"的指式置于前额。

② 右手拇指、食指捏成小圆圈贴于左胸部。

画家

① 左手横伸,右手手心向上,手背在左手掌心上抹一下,如作画动作。

② 双手搭成"∧"形。

医生(大夫)

① 一手拇指、食指搭成"十"字形置于前额。

② 一手伸拇指置于胸部。

护士

① 同"医生"手势①。

② 一手食指书空"士"字。

学生
① 双手斜伸，掌心向内，置于胸前，如读书状。
② 同"小孩"手势。

驾驶员（司机）
① 双手虚握，上下转动，如操纵方向盘状。
② 右手拇指、食指捏成小圆圈状贴于左肩膀。

个体户
① 左手拇指、食指与右手食指搭成"个"字形。
② 右手掌贴于胸部并向下微移。
③ 双手搭成"∧"形。

保姆
① 双手斜伸，掌心向外，微按一下。
② 同"母亲"手势。

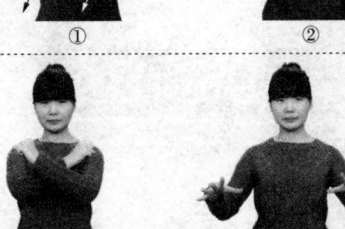

解放军
① 双手握拳，腕部交叉置于胸前，然后向两侧分开，同时张开五指。
② 右手横伸，掌心向下，置于前额。

警察

右手食指微曲在上,拇指、中指捏成圆形置于额头,表示警帽的上檐和警徽。

保安

① 双手斜伸,掌心向外,微按一下。
② 一手横伸,掌心向下,自胸部向下一按。

门卫

① 双手并排直立,掌心向外,五指并拢。
② 左手横伸,掌心向上,右手直立,掌心向外,腕部贴于左手小指。

领导

左手伸拇指,在前;右手五指分开,掌心向下,在后;双手同时向前移动。

主席

① 右手伸拇指置于胸部。
② 一手伸拇指、食指、中指,食指、中指直立,拇指尖抵于前额。

干部

① 左手食指、中指与右手食指搭成"干"字形。
② 一手打手指字母"B"的指式。

书记
① 双手侧立,掌心先相合,后向两边打开。
② 一手打手指字母"J"的指式置于前额。

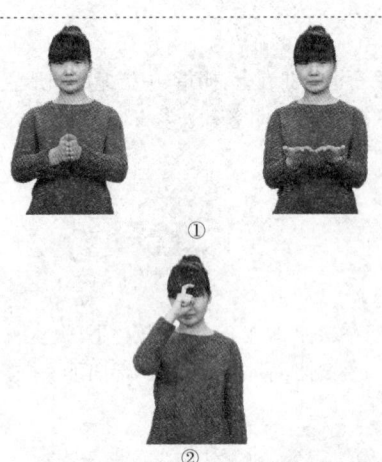

局长
① 一手打手指字母"J"的指式。
② 左手伸拇指并置于胸前。

科长
① 一手打手指字母"K"的指式。
② 左手伸拇指置于胸前。

主任
① 左手伸拇指置于胸前。
② 右手呈"匚"形,按向左肩。

组长
① 一手五指微曲张开,指尖朝上,然后撮合。
② 左手伸拇指,并置于胸前。

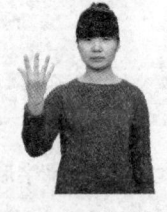 

技术员

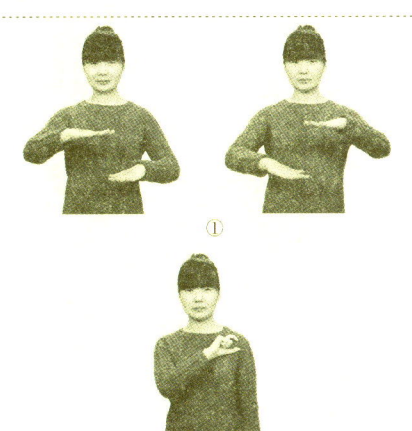

① 双手横伸,互拍手背一下,表示手艺、技术之意。
② 右手拇指、食指捏成小圆圈贴于左胸部。

经理

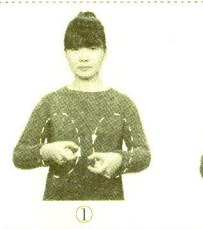 

① 双手拇指、食指捏成小圆形,前后交替转动。
② 右手伸拇指并置于胸部。

职员

① 一手打手指字母"ZH"的指式。
② 右手拇指、食指捏成小圆圈贴于左胸部。

校长

① 双手斜伸,掌心向内,置于胸前如读书状。
② 双手搭成"∧"形。
③ 右手伸拇指置于胸前。

乘客

① 左手掌心向上横伸;右手拇指、小指置于左掌心上,并向右侧移动一下。
② 双手平伸,掌心向上,同时向一侧移动一下。

练习

用手语打出下列句子

1. 你叫什么名字?
2. 你家住在哪儿?你家有哪些人?
3. 你的职业是什么?/你是做什么的?
4. 我想成为一名优秀的手语翻译。
5. 聋人、盲人、弱智人、肢残人都是残疾人。
6. 因为我是聋人,家里人对我特别爱护。
7. 我的爸爸是画家,妈妈是老师,我是一名学生。
8. 我是南京特殊教育师范学院的学生/老师。

第二节　服饰、食品、生活用品类常用词语

一、服饰类常用词语

衣服
　　一手拇指、食指揪一下胸前的衣服。

衬衣
　　一手食指先向领口内指一下，然后拇指、食指揪一下胸前的衣服，表示衬衣。

①

②

毛衣
　　① 双手食指交错相搭，交替移动，模仿织毛衣的动作。
　　② 同"衣服"手势。

帽子
　　一手做执帽向头上戴的动作。

鞋子
　　左手五指微曲，掌心向下；右手五指并拢，掌心向下插入左手，如穿鞋状。

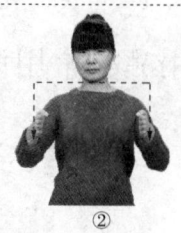

衣橱

① 一手拇指、食指揪一下胸前衣服。
② 双手平伸，掌心向下，高齐肩，先左右，再折而向下移动，仿衣橱外形。

耳环

一手拇指、食指捏住耳垂晃动两下。

项链

右手拇指、食指捏成圆形，虎口朝身体外，沿脖颈从左向右做弧形移动。

戒指

左手平伸，掌心向下；右手拇指、食指捏住左手无名指尖，然后向指根移动。

手表

一手拇指、食指捏成圆形，贴在另一手腕部。

眼镜

双手拇指、食指捏成半圆形置于眼部。

裙子

双手五指张开，指尖朝下，在小腹部从中间一顿一顿地向两边移动，如裙子形状。

羽绒服

① 双手食指横伸，由胸部向腹部做起伏移动。

② 双手掌心贴胸，向下移至腹部变掌心向上，然后向左右横划。

二、食品类常用词语

食品

① 一手伸食指、中指做吃饭动作。

② 双手拇指、食指捏成圆形，左手在上不动，右手在下连打两次，仿"品"字形。

面包

① 一手打手指字母"M"的指式。

② 双手拇指与四指分别成"⊏"和"⊐"形，指尖相对捏动几下。

米饭（粮食）

① 一手拇指、食指相对，中间留有米粒大小的距离。

② 一手伸食指、中指做吃饭动作。

包子

左手掌心向上横伸；右手五指朝下张开，在左手掌心上揪一下再提起，做"包包子"动作。

饺子
　　双手拇指、食指相捏,左手在下不动,右手在上边捏边移动,做捏合"饺子"的动作。

① ②

面条
　　① 一手打手指字母"M"的指式。
　　② 一手伸食指、中指,由胸部向嘴边提起,模仿用筷子夹吃"面条"状。

① ②

牛奶
　　① 一手伸拇指、小指,拇指指尖抵于太阳穴,小指指尖朝前。
　　② 一手虚握做"喝"的动作。

① ②

蔬菜
　　① 一手打手指字母"SH"的指式。
　　② 一手五指撮合,指尖朝上,边向上移动边张开五指。

鸡
　　一手拇指、食指捏成尖形,手背贴于嘴部,指尖张合几下,仿鸡的嘴。

鸭
　　一手拇指、食指、中指捏成尖形,手背贴于嘴部,指尖张合几下,仿鸭的嘴。

虾

　　一手食指弯曲一下,并向外"弹跳",仿虾跳动状。

水产

　　① 一手横伸,掌心向下,向一侧做波纹状移动。
　　② 左手成半圆形;右手五指撮合,指尖朝上,从左手虎口内向上伸出,同时张开五指。

水果

　　① 一手横伸,掌心向下,向一侧做波纹状移动。
　　② 双手拇指、食指搭成圆形。

西瓜

　　左手如"托西瓜"状,放于耳边;右手在耳侧拍几下,如在辨别西瓜的好坏。

苹果

　　① 双手平伸,掌心向下,向两边平行移动。
　　② 双手拇指、食指搭成如苹果大小的圆形。

香蕉

　　左手食指直立;右手拇指、食指沿左手食指指尖向下扯,反复几下,如"剥香蕉皮"的动作。

三、生活用品类常用词语

家具
① 双手搭成"∧"形。
② 双手食指指尖朝前,先互碰一下,然后分开并张开五指。

床
双手食指、小指直立,中指、无名指与手掌成直角,指尖相触,拇指自然弯曲,仿"床"的形状。

桌子
双手平伸,掌心向下,从中间向两侧平移,再折而向下移,成"⊓"形,如"桌子"状。

椅子
左手直立,掌心向右;右手食指、中指、无名指、小指弯曲与左手掌成直角,指尖抵住左掌心,仿椅子的形状。

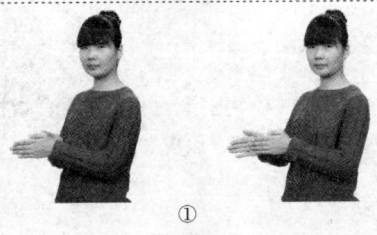

肥皂
① 双手互搓,如搓"肥皂"状。
② 双手拇指、食指搭成长方形。

牙刷（刷牙）

一手食指横伸，在口部上下移动，如"刷牙"动作。

毛巾

① 一手在脸部转动一圈，如"洗脸"状。
② 双手侧立，掌心相对表示毛巾宽度，然后向后微移。

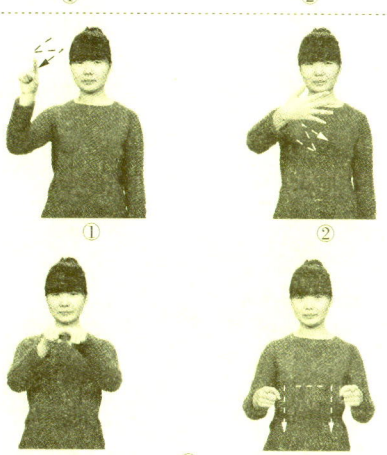

电视机

① 一手食指书空"闪电形"。（可依不同情况选择是否打出此手势）
② 一手横立，五指张开，掌心向内，在面部前方上下晃动几下。
③ 双手食指书空"冂"形，如电视机外形。

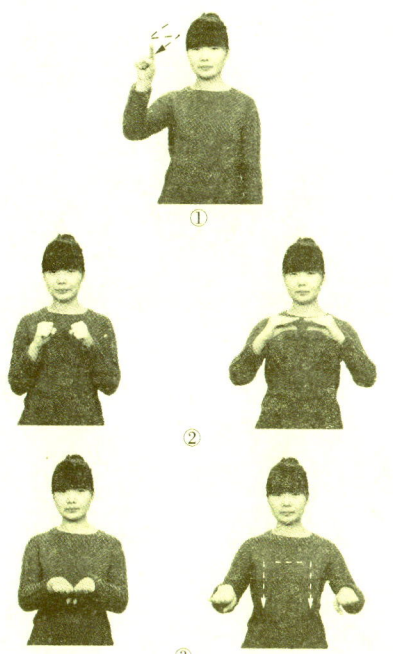

电冰箱

① 同"电视机"手势①。
② 双手握拳并屈肘，小臂抖动几下，如哆嗦状，然后双手呈"⊏ ⊐"形。
③ 双手平伸，掌心向下，从中间向两侧平移，再折而向下移，呈"冂"形。

空调

左手横立,五指分开;右手平伸插入左手食指、中指指缝,五指交替抖动;同时嘴做"吹风"动作。

洗衣机

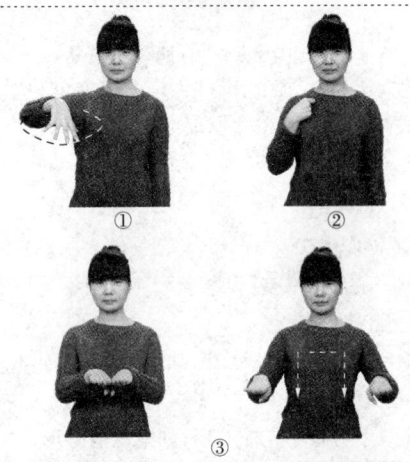

① 一手五指张开,指尖朝下转动几圈。
② 一手拇指、食指揪一下胸前衣服。
③ 双手平伸,掌心向下,从中间向两侧平移,再折而向下移,呈"冂"形。

练习

用手语打出下列句子

1. 我买了一件毛衣和一条裤子。
2. 早餐,我喜欢吃面包、喝牛奶。
3. 我家有电视机、电冰箱和空调。
4. 妈妈送我的生日礼物是一件漂亮的连衣裙。

第三节 日常生活、工作、社会活动类常用词语

一、日常生活类常用词语

生活
① 一手打手指字母"SH"的指式。
② 一手食指直立,边转动手腕边向上移动。

家庭
双手搭成"∧"形。

地址
① 一手食指朝下一指。
② 左手中指、无名指、小指横伸;右手食指指尖自左手中指指尖向下划动。

回家
① 一手伸拇指、小指,由外向内移动(可根据实际情况确定手移动的方向)。
② 同"家"手势。

居住
① 双手搭成"∧"形,向下移动一下。
② 一手掌心贴于头侧,头微倾,闭眼如睡觉状。

家(房子)
① 双手搭成"∧"形,如屋顶状。
② 一手食指书空"子"字。

电梯
① 一手食指书空"闪电形"。
② 左手掌心向上横伸,右手伸拇指、小指,小指指尖抵于左手掌心上,上下移动几次,如"乘电梯"状。

花园
① 一手五指撮合,指尖朝上,然后张开五指。
② 一手食指指尖朝下划一个大圆圈。

电话
一手伸拇指、小指,拇指置于耳边,小指置于口边,如"打电话"状。

爱情
① 左手伸拇指,右手轻轻抚摸左手拇指指背,表示怜爱。
② 双手五指张开,掌心相贴,左手不动,右手自左向右搓动。

恋爱
① 双手伸拇指,并向两侧分开,两手其他四指骨节靠在一起,并左右微晃。
② 左手伸拇指;右手轻轻抚摸左手拇指指背,表示怜爱。

结婚
伸双手拇指,虎口朝上,指尖相对,弯曲一下。

离婚
　　双手伸拇指,虎口朝上,指尖相对,先弯曲一下,然后双手再向两侧分开。

探望
　　① 一手食指、中指分开,指尖朝前,点动两下。
　　② 一手食指、中指分开,指尖朝前,从眼部向前伸一下。

睡觉
　　一手掌心贴于头侧,头微倾,闭眼如睡觉状。

起床(起身)
　　左手掌心向上横伸;右手伸拇指、小指,手背先贴于左手掌心,然后立起。

梳头
　　一手握拳,如"握梳子"状,在头上做"梳头发"动作。

洗澡
　　双手五指分开,掌心贴于胸部,上下交替擦动,如洗澡动作。

化妆（打扮）

双手五指撮合，在两颊部做"擦粉"动作。

打架

双手握拳互击，表示两个人在打架。

二、工作类常用词语

工作

① 左手食指、中指与右手食指搭成"工"字形。
② 双手握拳，两手一上一下，右拳向下砸一下左拳。

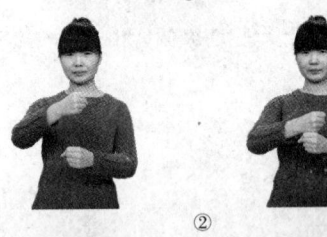

本领

右手拍一下左手背，再伸出拇指，表示手艺很好，引申为本领。

水平

① 一手横伸，掌心向下，向一侧做波纹状移动。
② 双手平伸，掌心向下，由中间向两侧平移一下。

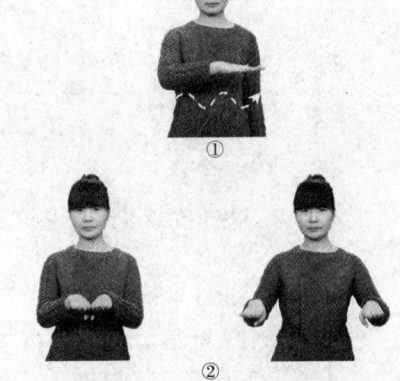

劳动

双手握拳,先以左拳捶右臂,再以右拳捶左臂。

就业

① 左手横伸,右手打手指字母"J"的指式,再移至左手掌心。
② 左手食指、中指、无名指、小指直立并分开;右手食指横于左手这四根手指根部,仿"业"字形。

待业

① 手背贴于颌下,表示等候之意。
② 左手食指、中指、无名指、小指直立并分开;右手食指横于左手这四根手指根部,仿"业"字形。

岗位

① 左手握拳;右手伸拇指、食指、小指指尖朝上,并将右手置于左手虎口上。
② 左手掌心向上横伸;伸右手拇指并将右手置于左手掌心上。

办公

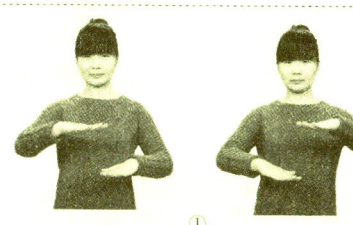

① 双手横伸,掌心向下,互拍手背。
② 双手拇指、食指搭成"公"字形。

服务

① 一手掌贴于耳部,头向前微倾。
② 右手拍一下左肩。

贡献

双手平伸,掌心向上,由身前向身体前上方伸出。

成果(效果)

① 左手横伸,右手拍一下左手掌,然后伸出拇指。
② 双手拇指、食指搭成圆形。

负责

右手拍两下左肩。

认真

双手直立置于头部两侧并向前下方移动,表示全神贯注。

任务

① 右手五指成"⊏"形,并按向左肩。
② 右手掌拍一下左肩。

力量(能力)

一手握拳屈肘,向内弯动两下。

竞争
① 伸双手拇指,上下交替动几下。
② 一手五指张开,由外向内边移动边握拳。

介绍
左手拇指、食指与右手食指、中指搭成"介"字,并前后移动两下。

考勤
① 伸双手拇指,上下交替动几下。
② 双手握拳,两手一上一下,右拳向下砸一下左拳。

上班
① 一手食指向上一指。
② 双手握拳,两手一上一下,右拳向下砸一下左拳。

下班
① 一手食指向下一指。
② 双手握拳,两手一上一下,右拳向下砸一下左拳。

加班
① 左手侧立;右手拇指、食指捏成圆圈,虎口朝左,贴于左手掌心。
② 双手握拳,两手一上一下,右拳向下砸一下左拳。

下岗
① 一手食指朝下一指。
② 左手握拳；右手伸拇指、食指、小指，指尖朝上，置于左手虎口上。

开会
① 双手并排直立，掌心向外，然后再向内转动90度，掌心相对。
② 双手直立，五指微曲，掌心相对，从两侧向中间合拢。

辛苦
① 一手握拳敲打另一侧臂部，脸露倦容，表示劳累之意。
② 一手打出手指字母"K"的指式，置于嘴部，面露痛苦状。

忙
双手平伸，掌心向下，五指分开，在身前左右摆动几下，表示忙个不停。

累（疲倦）
一手握拳敲打另一侧臂部，脸露倦容，表示劳累之意。

威信
① 双手伸出拇指，在胸前向上提起。
② 左手呈"匚"形，虎口朝上，右手五指并拢插入左手虎口内。

责任（委任）
① 右手拍一下左肩。
② 右手五指呈"⊐"形，按向左肩。

招聘
① 一手掌心向下，向自己方向挥动两下。
② 左手掌心向上平伸；右手伸拇指、小指，小指指尖抵于左手掌心上，然后双手同时由外向内移动。

聘用
① 左手掌心向上平伸，右手伸拇指、小指，小指指尖抵于左手掌心上，然后双手同时由外向内移动。
② 一手平伸，掌心向上，由外向内边移动边握拳。

环境
① 双手搭成"∧"形。
② 一手食指指尖朝下划一个大圈。

值勤（值班）
① 右手拇指、食指张开相距约10厘米，并在左手臂上横划一下，表示执勤时戴的袖章。
② 双手握拳，两手一上一下，右拳向下砸一下左拳。

报到
① 一手五指撮合，指尖朝前，置于嘴部，然后边向前伸出边张开五指。
② 一手伸拇指、小指，向身前作弧形移动，并向前顿住。

旷工
① 左手横伸，掌心向下；右手伸出拇指、小指，从左手掌心下穿过，表示逃避。
② 左手食指、中指与右手食指搭成"工"字。

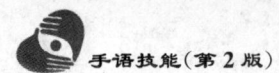

 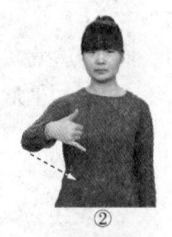

迟到
① 左手侧立；右手五指伸出，拇指尖抵于左手掌心，其他四指向下转动，表示时间已迟。
② 伸一手拇指、小指，向前做弧形移动，并向下顿住。

早退
① 双手横伸，手背相贴，然后右手向上一提，表示提前。
② 左手平伸，右手伸拇指、小指，小指指尖抵于左手指尖并向腕部移动。

请假
① 双手平伸，掌心向上，并同时向身体一侧移动一下。
② 双手交叉贴于胸部。

放假
① 双手虚握，然后边向下移动边张开五指。
② 双手交叉贴于胸部。

退休
① 左手掌心向上平伸，右手伸拇指、小指，小指尖抵于左手指尖，然后向腕部后移。
② 双手交叉贴于胸部。

三、社会活动类常用词语

社会
左手五指撮合，指尖朝上；右手食指指尖朝下绕左手转一圈。

风俗

① 一手直立，左右微动几下，表示"风"。
② 一手五指撮合，指尖在前额按一下，再向下移，并张开五指。

习惯

一手五指撮合，指尖在前额按一下，再向下移，并张开五指。

交流

双手五指撮合，一手指尖朝上，一手指尖朝下，然后交互画圈。

沟通

① 双手食指相互勾住。
② 双手食指横伸，指尖相对，由两侧向中间交错移动。

礼貌

① 一手食指先直立，再向下弯动一下。
② 一手掌心贴于胸部，上身稍前倾，头微低。

 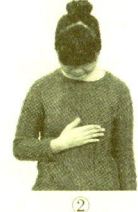

礼物

①一手食指先直立,再向下弯动一下。
②双手食指指尖朝前,先互碰一下,再分开,并张开五指。

握手

双手伸出,在胸前相握,并上下微动几下。

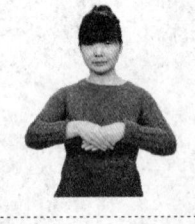

称赞

①伸一手拇指,向前一顿。
②双手鼓掌。

请

双手平伸,掌心向上,两手同时往身体一侧移动一下。

谢谢

伸一手拇指,弯曲两下。(可根据实际情况确定手势动作的方向)

再见

一手上举,五指微曲,向前挥动两下。

对不起

一手五指并拢，举于额际，然后下移伸小指，在胸部点几下，表示向人致歉，并表示自责。

原谅

一手拇指、食指捏成小圆形，向前微伸，并点头。

活动

① 一手食指直立，边转动边向上移动。
② 双手握拳屈肘，前后交替转动几下。

参观

一手食指、中指分开，指尖朝前，置于身前转动两圈，象征观看。

访问（走访）

① 伸一手拇指、小指绕一圈。
② 一手食指直立，自嘴前向外移动一下。

欢迎

① 双手做鼓掌状。
② 双手平伸，掌心向上，两手同时往一侧移动一下。

见面

① 双手食指、中指微曲，指尖相对，从两侧向中间移动，表示目光相接。
② 一手手掌轻贴一下脸颊。

互相

双手直立,掌心相对,同时向左右摆动几下。

要(需要)

一手平伸,掌心向上,从前向后移动一下。

接受(接收)

双手平伸,掌心向上,然后边向后移动边握拳,象征接受他人的意见、礼物。

① ②

安慰

① 一手横伸,掌心向下,自胸部向下一按。
② 左手伸拇指,右手轻拍几下左手拇指背。

帮助

双手斜伸,掌心向外,按动两下,表示给人帮助。

① ②

照顾

① 同"帮助"的手势。
② 一手食指、中指张开,指尖朝前,上下移动两下,表示照看。

① ②

享受

① 一手五指张开,掌心向内,贴于胸部转动一下,脸露笑容。
② 双手平伸,掌心向上,然后向后收回并握拳。

修养

① 一手打出手指字母"X"的指式。

② 左手食指直立；右手五指撮合，掌心向上，边向左手食指移动边张开手指，表示喂养之意。

谦让（客气）

双手掌心向上，左右微动几下，略俯上身，表现谦虚待人的样子。

敬礼（致敬）

一手五指并拢，贴于额际，如军人行军礼状。（可根据实际情况模仿敬礼动作）

误会（误解）

① 一手食指在太阳穴处转动一下。

② 双手食指直立，然后交叉移动，右手食指尖朝左，左手食指尖朝右。（此手语也为国际手语）

吵架（纠纷）

双手拇指、食指相捏，指尖相对，反复张合几次，表示双方在拌嘴。

十分（最、很、极、更）

一手掌心向上，食指横伸，拇指尖抵于食指根部，然后向下一顿。

 练习

用手语打出下列句子

1. 欢迎你来我校参观。

2. 下班后还有活动吗?
3. 人与人之间要互相谦让。
4. 今天我要加班,不能按时回家。
5. 不小心碰了别人要说"对不起"。
6. 我们要尊重少数民族的风俗习惯。
7. 领导十分关心残疾人的教育问题。
8. 我们学校要招聘一位有经验的教师。
9. 请问你需要帮助吗? 你需要什么帮助?
10. 文明礼貌用语有"你好""请""再见""对不起"和"谢谢"。
11. 我们要多与聋人沟通、交流,了解他们的生活、学习情况。

第四节　心理、行为、情绪类常用词语

一、心理类常用词语

心理
① 双手拇指、食指搭成"心"形置于胸前。
② 一手打手指字母"L"的指式。

智慧（聪明）
一手食指先点一下太阳穴，然后掌心向外张开五指。

笨（傻）
一手拇指贴于掌心，其他四指并拢伸直，手背朝上，从额头一侧向下扇动。

兴趣（趣味）
一手拇指、食指相捏，放在嘴边捻动，如品尝状。

希望
一手打手指字母"X"的指式，先置于太阳穴处，然后向外移动。

感动
① 右手手掌贴于左胸前。
② 双手握拳屈肘，在胸前前后交替动几下。

信心

① 一手捂于耳部,同时头部微倾一下。
② 双手拇指、食指搭成"心"形置于胸前。

放心

双手拇指、食指搭成"心"形置于胸前,然后向下移动,表示将提起的心放下了。

决心

① 左手掌心向上横伸,右手五指撮合,指尖朝下按于左手掌心。
② 双手拇指、食指搭成"心"形置于胸部。

专心

① 左手伸出食指,其余手指虚握,手背向上,右手从左手食指上方向前抓过去。
② 双手拇指、食指搭成"心"形置于胸部。

满意

① 一手横伸,掌心向下,从腹部向颏下部移动。
② 一手食指横伸,表示"一"。(因为"一"与"意"同音)

喜欢(愿意)

一手拇指、食指微曲,指尖朝下颏处点两下,同时头也向下微点两下。

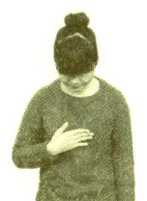
谦虚
一手捂住胸部,头和身体朝前微倾。

骄傲
双手伸拇指在胸前上下交替动几下,面露自豪的神情。

善良
双手拇指、食指在胸前搭成"心"形,然后右手伸出拇指,并向上挑一下。

自卑
① 一手食指直立,贴于胸部。
② 一手伸小指,指尖向胸部点几下。

怀疑
一手伸拇指、小指,指尖朝上交替弯动几下,表示好坏与不肯定。

害羞
头微低;一手五指撮合,指尖朝上,置于面部,然后缓慢张开,象征脸红害羞样。

二、行为类常用词语

行为
双手握拳屈肘,前后交替转动几下。

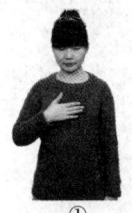 

感觉
① 右手掌贴于左胸部。
② 一手食指指在太阳穴处,同时头微微抬起,脸上露出一种恍然大悟的表情。

注意
一手食指、中指分开,置于眼前,指尖向前点动两下。

记忆
一手打手指字母"J"的指式,并碰两下前额。

了解
① 一手手指书空"了"字。
② 一手食指向太阳穴处点一下。

比较(比赛)
双手伸拇指,在胸前上下交替动几下,表示两者在做高低比较。

不知道（不懂）

一手手掌横置额前，然后从额头一侧向另一侧划动，同时脸露疑惑状。

① ②

要求

① 一手平伸，掌心向上，从前向后移动一下。
② 双手抱拳，前后微动两下，同时面露期待的表情。

① ②

诚实（诚恳）

① 双手侧立，掌心相对，向下一顿。
② 左手食指横伸；右手食指、中指相叠敲一下左手食指。

态度

一手伸食指绕脸部一圈。

① ②

尊敬（恭敬）

① 左手掌心向上横伸；右手伸拇指、食指置于左手掌上，左手向上抬起。
② 一手五指并拢贴于额际，如军人行军礼状。

想念

① 一手伸食指，在太阳穴处转动两圈，面露思考神态。
② 一手手掌拍一下前额。

忘记

一手五指撮合，先在前额按一下，再转向脑后按一下，并张开五指，表示把原先记住的事情抛在脑后。

 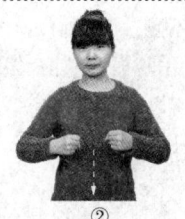

坚强

① 右手食指指尖顶于脸颊部,面露坚定表情。
② 双手握拳屈肘,同时向下一顿。

勇敢

双手在腹前搭成圆形,然后向两侧拉开,表示"大胆"。

大方

① 双手侧立,掌心相对,从中间向两侧移动。
② 双手拇指、食指搭成"口"字形。

谎话

① 右手直立,掌心向左,五指分开置于面前,并微微扇动几下。
② 一手食指横伸,在嘴前转动几下。

努力

① 双手握拳,屈肘,在胸前交替向前转动。
② 一手握拳,屈肘,手向内弯动一下。

三、情绪类常用词语

快乐（高兴）

双手横伸,掌心向上,上下交替动几下,面露笑容。

第二章 手势语词汇(一)

伤心
一手虚握,贴于胸部转动一圈,面露愁容。

惊讶(惊奇)
双手拇指、食指相捏,置于眼角处,然后两指突然张开,同时睁大眼睛,面露吃惊神态。

生气(气愤)
一手五指撮合,指尖朝上置于胸部,然后用力向上张开五指,面露生气的神态。

难过
一手虚握,贴在胸部转动一圈,面露愁容。

 练习

用手语打出下列句子

1. 谦虚使人进步,骄傲使人落后。
2. 她为人诚实,心地善良,同学们都很喜欢她。
3. 对待工作要有信心,不要自卑。
4. 老师对我的学习态度很满意。
5. 我希望通过自己的努力为社会多做贡献。
6. 你表现得很勇敢,我为你感到高兴。
7. 我被残疾人乐观的生活态度深深地感动了。

第五节　事物的状态、性质、特点类常用词语

结果
① 左手伸小指；右手伸食指敲一下左手小指，表示最后之意。
② 双手拇指、食指搭成圆形。

作用
① 双手握拳，两拳一上一下，右拳向下砸一下左拳。
② 一手平伸，掌心向上，边向后移动边收拢五指。

提高
① 一手握拳下垂，手臂微曲，向上提起。
② 一手横伸，掌心向下，自腰部向上移动。

利用
① 一手打手指字母"L"的指式。
② 一手平伸，掌心向上，边向后移动边收拢五指。

发展
双手五指撮合，指尖相对，虎口朝上，然后同时向前张开五指。

发生
　　双手五指撮合，指尖朝上，然后边向上微移边张开五指。

出现
　　① 一手伸拇指、小指，手向前移动一下。
　　② 双手直立，掌心向内，左手不动，右手向身体处移动一下。

变化
　　① 一手食指、中指直立并分开，由掌心向外翻转为掌心向内。
　　② 一手打手指字母"H"的指式，并横向移动一下。

文明
　　① 一手食指在书空"文"字。
　　② 双手侧立，掌心相对，自胸前向下一顿。

集中
　　① 双手直立，五指微曲，从两侧向中间移动。
　　② 左手拇指、食指与右手食指搭成"中"字形。

团结
　　双手五指并拢弯曲，相互握住。

幸福
　　一手打手指字母"X"的指式，并将手贴于胸部绕一圈。

丰富

① 左手食指、中指、无名指与右手食指搭成"丰"字形。
② 双手五指分开,掌心向下,拇指抵于胸部,其他四指微动几下。

优先

① 一手拇指向上轻挑。
② 左手伸拇指,右手伸食指碰一下左手拇指指尖。

痛苦

① 一手拇指、食指、中指张开,三指指尖抵于额头,如头痛状。
② 一手打手指字母"K"的指式,置于嘴边,脸上露出尝到苦味道的表情。

贫困

① 双手横伸,掌心向上,腕部交叉相搭,然后上下掂动几下。
② 一手食指抵于同侧太阳穴处钻动几下。

节俭(节约)

左手拇指、食指捏成小圆圈,代表钱币;右手盖于左手虎口上,转动几下,表示舍不得花钱。

开始

① 双手并排直立,先掌心向外,然后再向内转动90度,掌心相对。
② 左手伸拇指;右手伸食指碰左手拇指指尖一下。

连续

双手拇指、食指相套,并向身体右下方移动。

停止

　　右手横伸,掌心向下;左手直立,掌心向右,指尖抵于右手掌心,仿裁判叫停动作。

急忙

　　① 双手五指弯曲,指尖贴于胸部,上下交替移动几下。
　　② 双手平伸,掌心向下,五指分开,在身前左右摆动几下。

详细

　　① 一手打手指字母"X"的指式。
　　② 双手(拇指、小指相捏)从中间向两旁微微拉开。

顺利

　　右手直立,掌心向内,边向左转边伸出拇指。

麻烦

　　一手五指微曲,指尖在前额处点动几下。

容易

　　右手(拇指、食指相捏)先在左手臂上捶一下,然后移至胸前上下微动几下,表示不费力。

紧张

　　双手紧紧握拳,在胸前上下微动,脸露紧张的神态。

基础(根据)

左手握拳,手背向上;右手握住左手腕部。

安全

① 一手横伸,掌心向下,自胸部向下一按。
② 一手(伸出拇指)在身前顺时针转一圈。

危险

① 左手食指横伸;右手伸拇指、小指,小指立于左手食指上并左右摆动几下。
② 一手五指分开拍两下胸部,面露惊恐表情。

加强

① 左手侧立,右手拇指、食指捏成圆形,并将虎口贴向左手掌心。
② 双手握拳屈肘,然后向下一顿。

没有(无)

一手拇指、食指、中指指尖朝上,互捻一下,然后手张开。

是

一手食指、中指相叠,自上而下挥动一下。

性质

左手握拳,手背向上;用右手食指、中指指背弹击几下左手背。

特点

① 左手横伸,手背向上;右手手背向外,食指直立,并从左手小指边向上伸出。

② 左手横伸,掌心向上;右手食指指尖朝下,向左手掌心上点一下。

够

右手五指并拢,虎口朝内,在胸部碰一下。

不够

右手拇指、食指相捏,其他手指伸直并分开,虎口向内,边碰向胸部边张开拇指、食指。

清楚

左手横伸,掌心向上;右手平伸,掌心贴于左手掌心,然后边向外移动边伸出拇指。

干净

① 左手食指、中指与右手食指搭成"干"字形。

② 同"清楚"手势。

刻苦

① 一手打手指字母"K"的指式。

② 一手拇指、食指握成小圆圈,置于口边,脸露尝到苦味的表情。

整齐

① 双手侧立,掌心相对,同时向下一顿。

② 一手打手指字母"Q"的指式,并横向移动一下。

颜色（色彩）

一手五指分开，掌心向内，在嘴唇处交替点动几下。

情况

双手直立，掌心相贴，五指分开，左手不动，右手向右转一下。

① ②

事业

① 左手握拳；右手伸拇指、食指，并搭在左手虎口上。
② 左手食指、中指、无名指、小指分开，指尖朝上，手背向外；右手食指横伸，置于左手四指根部，仿"业"字形。

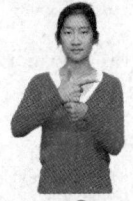 
① ②

事情

① 同"事业"姿势①。
② 双手直立，掌心相贴，五指分开，左手不动，右手向右转一下。

安静

双手平伸，掌心向上，边向下移动，边并拢五指。

① ②

公平

① 双手拇指、食指搭成"公"字形。
② 双手平伸，掌心向下，由中间向两侧移动。

符合

双手横立，从身体两侧向身体中间移动至双手重叠。

珍惜（珍爱）

① 左手横伸；右手拇指、食指捏成圆形，在左手掌心上微晃几下。
② 左手伸出拇指，右手伸出手掌抚摸两下左手拇指指背。

完全（都）

双手五指微曲（腕部相贴），在脸部自上而下做弧形移动。

积极

① 一手打手指字母"J"的指式。
② 一手握拳屈肘，在胸前挥动几下。

严格

① 一手食指绕脸划一圈，面露严肃表情。
② 双手五指分开，交叉搭成格子形，手背向外，然后同时向两侧斜下方微移。

相同（一样）

一手食指、中指分开，左右平行移动两下。

重要

① 双手平伸，掌心向上，同时朝下一顿。
② 一手平伸，掌心向上，由外向内移动。

不同（不一样）

双手伸食指，指尖朝前，先互碰一下，再分别向身体两侧移动。

优点

① 将一手拇指向上一挑。

② 左手横伸,掌心向上;右手食指指尖朝下在左手掌心上点一下。

缺点

① 一手伸小指,指尖朝上,向前移动一下。

② 左手横伸;右手食指指尖朝下在左手掌心上点一下。

简单

一手(拇指、食指相捏,手背向下)上下动几下。

错误(过失)

一手(食指、中指分开直立)在额前由掌心向外翻转为掌心向内。

主动

① 一手伸拇指置于胸部。

② 双手握拳屈肘,在胸前前后交替转动几下。

拥挤

双手五指微曲,指尖朝上合在一起,并左右摇动几下,象征人多拥挤。

 练习

用手语打出下列句子

1. 祝大家工作顺利、生活幸福!
2. 她平时生活非常节俭,从不浪费。
3. 他经常帮助一些来自贫困家庭的孩子。
4. 在图书馆或教室里学习时应该保持安静。
5. 我们应该正确地认识自己的缺点,学习他人的优点。
6. 一个人在家要注意安全,不能随便给陌生人开门。
7. 无论遇到什么样的困难,他都不会放弃自己的事业。

第六节 经济、交通、数字类常用词语

一、经济类常用词语

楼房
① 双手直立,掌心相对,并向上移动。
② 双手搭成"∧"形,如屋顶状。

建设
双手五指呈"⊂"和"⊃"形,交替上叠,如砌砖动作,引申为建设。

银行
① 双手拇指、食指捏成圆形,一前一后来回交替运动,表示货币交易。
② 双手搭成"∧"形。

支出(消费)
左手掌心向上横伸;右手拇指、食指捏成小圆形,置于左手掌心上,然后向外甩动两次,象征付出。

工资
① 左手食指、中指与右手食指搭成"工"字形。
② 左手拇指、食指捏成圆形;用右手食指敲一下左手拇指。

公司
① 双手拇指、食指搭成"公"字形。
② 一手打手指字母"S"的指式。

市场
① 一手打手指字母"SH"的指式，并在身前顺时针平行转一圈。
② 一手食指指尖朝下划一个大圆圈。

商店
① 双手横伸、掌心向上，前后交替转动几下，表示货物买卖流通之意。
② 双手搭成"∧"形。

价格
① 左手拇指、食指捏成圆形；用右手食指敲一下左手拇指。
② 一手直立，掌心向内，五指分开并交替抖动几下。

价值
① 左手拇指、食指捏成圆形，用右手食指敲一下左手拇指。
② 左手食指直立；右手食指横于左手食指处并上下移动几下。

买卖
① 双手横伸，掌心向上，右手背在左手掌心上拍一下，然后向身体处移动，表示买进。
② 双手横伸，掌心向上，右手背在左手掌心上拍一下，然后向外移动，表示卖出。

随便
一手食指、中指横伸，手背向外，在胸前交替点动几下。

珍贵
① 左手掌心向上横伸；右手拇指、食指捏成圆形，并在左手掌心上微晃几下。
② 一手拇指、食指捏成圆形，其他手指伸出，并向外晃动几下，表示钱多，引申为贵。

经济

双手拇指、食指捏成圆圈,交替转动几下,象征货币流通,引申为经济。

收入

① ②

① 双手平伸,掌心向上,边由外向内移动边握拳。
② 一手伸拇指、小指,指尖朝内移动一下。

丰收

① ②

① 左手食指、中指、无名指与右手食指搭成"丰"字形。
② 双手横伸,掌心朝内,并将双手从外往内收。

行业

① ②

① 一手打手指字母"H"的指式。
② 左手食指、中指、无名指、小指直立;右手食指横于四指根部搭成"业"字形。

企业

① ②

① 一手打手指字母"Q"的指式。
② 同"行业"手势②。

仓库

① ②

① 双手搭成"∧"形。
② 左手呈半圆形,指尖朝下;右手呈"冖"形,插入左手虎口内,表示存储物品。

规格

① ②

① 一手横立,由外向内一顿一顿地移动几下。
② 双手五指分开,交叉搭成格子状,并向两侧斜下方微移一下。

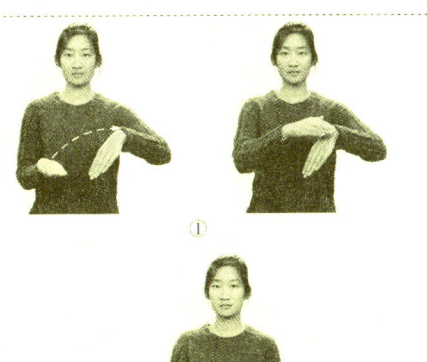

奠定
① 左手五指呈"∩"形,指尖朝下;右手平伸,掌心向上,再反掌盖在左手背上,模仿填埋奠基石状。
② 一手食指直立,自上而下挥动一下。

建筑
双手掌心相对,指尖朝上,从胸前向上举过头顶搭成"∧"形,表示建筑物。

工程
① 左手食指、中指与右手食指搭成"工"字形。
② 双手五指搭成"⬜⬜"形,交替上叠,如砌砖动作,引申为建设。

汇款
① 左手掌心向上横伸;右手食指、中指并拢,在左手掌心上轻拍一下,然后向左手指尖方向划出。
② 一手拇指、食指捏成圆圈,微动两下。

挂失
① 左手掌心向上横伸;右手中指、无名指、小指指尖朝下,在左手掌心上点一下。
② 一手撮合,指尖朝下,向身后一甩,并放开五指。

统计
① 右手侧立,五指微曲,边向右做弧形移动边握拳。
② 双手直立,掌心向内,手指交替点动,同时双手互碰一下。

结算(结账)
① 双手横立,五指交叉在一起。
② 双手直立,掌心向内,手指交替点动,同时双手互碰一下。

证券
① 双手平伸,掌心向上,从身体两侧向中间碰一下。
② 双手拇指、食指张开,指尖相对,如支票宽度,由身体中间向两边微拉。

股票
① 一手伸入口袋作取物状,再向胸前一放。
② 同"证券"手势②。

财政
① 一手拇指、食指捏成小圆圈,微动几下,表示钱币。
② 一手打手指字母"ZH"的指式。

金融
① 一手食指点一下另一只手无名指根部,表示"金"。
② 双手拇指、食指捏成圆圈,前后交替动几下,象征货币流通,引申为经济。

经费
① 同"金融"手势②。
② 同"财政"手势①。

储存
左手呈半圆形,指尖朝下;右手成"匚"形,插入左手虎口内。

人民币
① 双手食指搭成"人"字形并顺时针横向转一圈。
② 一手拇指、食指捏成圆形,微微晃动几下,表示钱币。

美元
① 双手五指分开,斜向交叉,手背向外,并顺时针横向转一圈。
② 同"人民币"手势②。

港币
① 一手五指弯曲,指尖对着鼻部做几次张合动作。(此为表示香港地名的国际手语)
② 同人民币"手势"②。

欧元
左手打手指字母"C"的指式;右手食指、中指横伸,置于左手虎口中间,仿欧元符号的形状。

外汇
① 左手横立,掌心向内;右手食指在左手手背外向下指一下。
② 同"人民币"手势②。

审计
① 左手伸拇指、小指;右手食指、中指分开,绕左手拇指转一圈。
② 双手直立,掌心向内,手指交替点动,同时双手互碰一下。

股份

① 一手伸入口袋作取物状,再放到胸前。
② 左手平伸,掌心向上,五指分开微曲;右手五指微曲,指尖朝下,在左手五指上逐一做撮合动作。

押金

① 左手横伸,掌心向下;右手握拳置于左手背上。
② 一手拇指、食指捏成圆形,微微晃动几下,表示钱币。

海关

① 双手横伸,掌心向下往两侧作波浪形移动。
② 双手直立,掌心相对,然后向外转动90度,双手并排掌心向外。

代理

① 双手食指直立,然后交叉换位。
② 双手侧立,掌心相对,同时向左侧一顿一顿地移动几下。

借款

① 一手先打手指字母"J"的指式,然后再将手平伸由外向内移动一下。
② 同"押金"手势②。

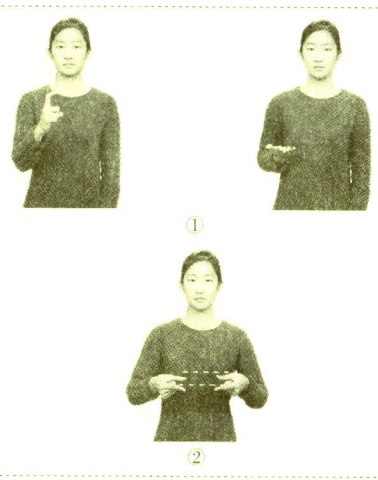

借条

① 一手先打手指字母"J"的指式，然后再将手平伸由外向内移动一下。

② 双手拇指、食指张开，相距约5厘米，指尖相对，从身体中间向两侧拉开。

收条

① 双手平伸，掌心向上，边向内移动边握拳。

② 同"借条"手势②。

担保

① 一手虚握，手背向下置于肩前，手与肩同时上下微动两下。

② 双手斜伸，掌心向下按一下。

税款

① 左手掌心向上横伸；右手打手指字母"SH"的指式，然后食指、中指往左手掌心上拍一下。

② 一手拇指、食指相捏成圆形，微微晃动两下。

育种

① 左手食指直立；右手五指撮合，掌心向上，边向左手移动边张开五指。

② 左手拇指、食指捏成圆形；右手拇指、食指、中指相捏，指尖朝下插入左手虎口内。

补种

① 左手侧立；右手五指捏成圆形，虎口朝左，移向左手掌心。

② 同"育种"手势②。

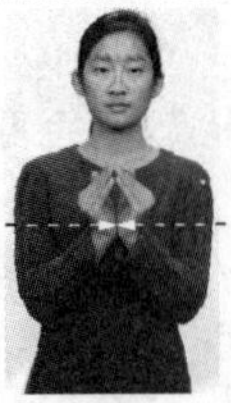
①
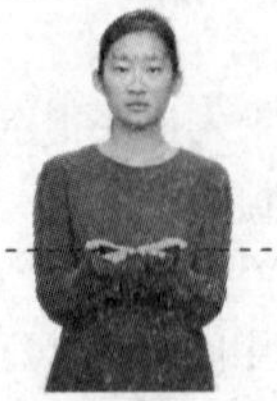
②

合同

① 双手直立,五指微曲,掌心相对,由身体两侧向中间合拢。

② 双手平伸,掌心向上,从两侧向中间互碰一下。

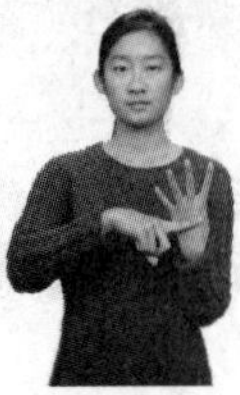
①
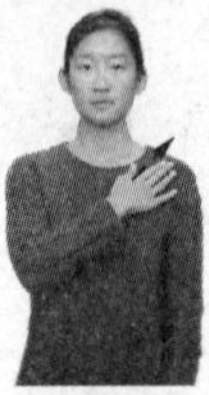
②

业务

① 左手食指、中指、无名指、小指直立;右手食指横于左手四指根部搭成“业”字形。

② 右手掌拍一下左肩膀。

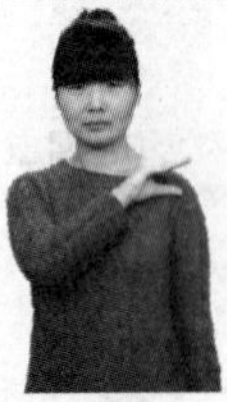
①
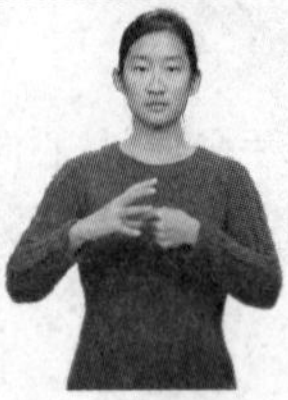
②

承包

① 右手搭成“匚”,按在左肩上。

② 左手握拳;右手五指包住左拳,并向下转动一下。

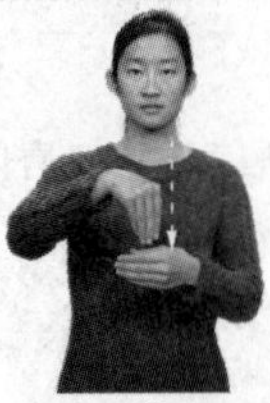
①
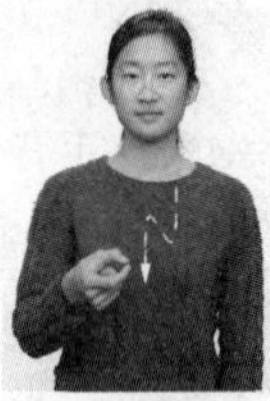
②

投资

① 左手呈半圆形,虎口朝上;右手五指撮合,指尖朝下向左手半圆形做投物状。

② 一手拇指、食指相捏成圆形,微微晃动两下。

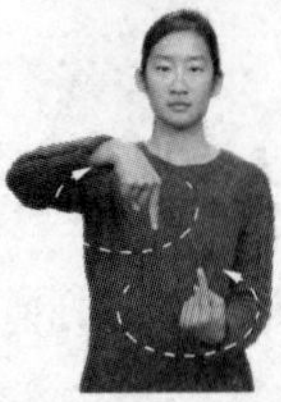
①
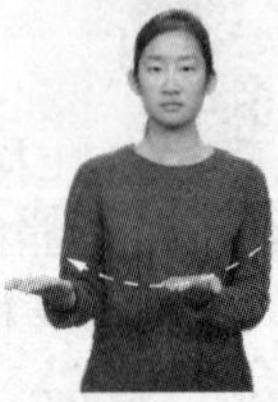
②

转让

① 双手伸食指,指尖朝向为一上一下,相距约10厘米,平行转动几下。

② 双手掌心向上,从身体左侧向右侧做弧形运动。

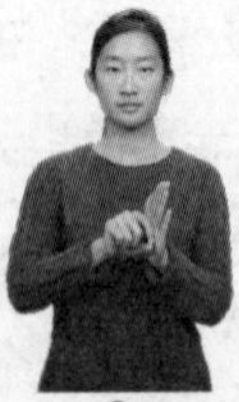
①
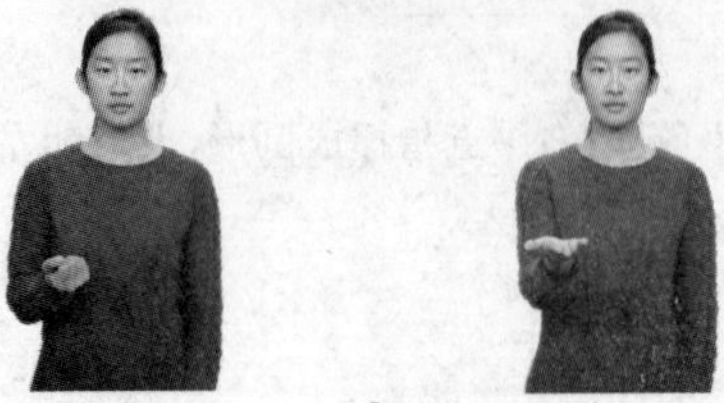
②

补偿

① 左手侧立;右手五指捏成圆形,虎口朝左贴向左手掌心。

② 一手五指虚握,掌心向上,边向外移动,边张开手。

③ 一手托住另一手肘部,并向上举。
（手势①②表示补偿损失；手势①③表示补偿缺陷）

报销
① 双手并排平伸,掌心向上,向前伸出,表示交出凭据。
② 一手拇指、食指捏成圆形,由外向内移动。

集市
① 双手横伸,掌心向上,前后交替转动几下,表示货物买卖流通之意。
② 一手打手指字母"SH"的指式,并顺时针横向转一圈。

租
一手先打手指字母"Z"的指式,然后变成手掌平伸,掌心向上,由外向内移动。

出租
一手先打手指字母"Z"的指式,然后变成手平伸,掌心向上,由内向外移动。

商标
① 双手横伸,掌心向上,前后交替转动几下,表示货物买卖流通之意。
② 双手拇指、食指张开,相距3厘米,指尖相对,由身体中间向两侧微拉,象征标牌。

 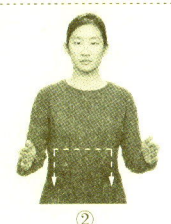

柜台
① 双手横伸,掌心向下,左手在下不动,右手一顿一顿地向下移动两下,象征柜台的置物架。
② 双手平伸,掌心向下,由身体中间向两侧平移再折而向下。

单价
① 一手食指直立于胸前,并向上微动一下。
② 一手食指、拇指相捏成圆形,微微晃动几下。

高档
① 一手横伸,掌心向下,向上举过头顶。
② 左手直立,掌心向右;右手平伸,掌心向下,贴于左手掌心一顿一顿地向上移动几下。

名牌
① 一手伸拇指、食指,食指指尖抵于耳部,然后边向外移动,边缩回食指,表示名声好。
② 双手拇指、食指张开,相距3厘米,指尖相对,由中间向两侧微拉,象征标牌。

昂贵
一手拇指、食指捏成圆形,其他手指伸出,向外晃动几下,表示钱多,引申为贵。

实惠
① 左手食指横伸;右手食指、中指相叠并敲一下左手食指。
② 一手五指虚握,掌心向上,边向前伸出,边张开手。

交换
双手五指搭成"⊏⊐"形,然后交换位置。

发财
① 双手虚握,指尖相对,边向外移动,边放开五指。
② 一手食指、拇指相捏成圆形,微微晃动几下。

降价
① 左手直立,掌心向右;右手食指直立贴于左手掌心,然后由上向下移动。
② 同"发财"手势②。

执照
① 一手打手指字母"ZH"的指式。
② 双手侧立,掌心相贴,然后分别向左右打开,表示翻看证件。

注册
① 左手掌心向上横伸;右手中指、无名指、小指指尖朝下,在左手掌心上点一下。
② 左手食指、中指、无名指、小指分开,指尖朝下,手背向外;右手食指横在左手四指中间,仿"册"字形。

损失
双手虚握如端物状,然后双后向下一划并张开五指,象征失手而损坏物品。

赔本
① 左手掌心向上横伸;右手五指撮合,在腰部衣袋处做掏物状,再移至左手掌心,表示掏钱赔偿。
② 一手打手指字母"B"的指式。

淘汰
左手小指指尖朝上;右手五指抓住左手小指向下一甩,表示将不好的东西扔掉,引申为淘汰。

破产

① 双手拇指、食指相捏,指尖相对,然后向上一掰。

② 左手呈半圆形,虎口朝上;右手五指撮合,指尖朝上,边从左手虎口内伸出,边放开五指。

倒闭

① 双手搭成"∧"形,然后双手同时向下落下,如房屋倒塌状。

② 双手直立,掌心向外,从身体两侧向中间闭拢,如关门状。

农村

① 双手五指弯曲,掌心向下,两手一前一后,向后移动几下,如耙田的动作。

② 双手搭成"∧"形,并顺时针横向转一圈。

土地

① 一手拇指、食指、中指指尖朝下,互捻几下。

② 右手食指指尖向下指一下。

田野

① 双手中指、无名指、小指搭成"田"字形。

② 右手五指并拢,掌心向下在胸前由左至右做弧形运动。

种

左手食指、拇指捏成圆形;右手拇指、食指、中指相捏,指尖朝下插入左手虎口内。

播种

① 左手微曲,掌心向上;右手在左手掌心上搓一下,然后向外做撒种子的动作。
② 左手食指、拇指捏成圆形;右手拇指、食指、中指相捏,指尖朝下插入左手虎口内。

成熟

① 左手横伸;右手拍一下左手掌,然后伸出拇指。
② 一手伸拇指、食指,食指指尖朝上,然后食指缩回,拇指指尖朝上。

镰刀

左手食指直立;右手拇指、食指张开,从左手食指指尖向外拉成三角形。

水库

左手斜立,掌心向右上方;右手横伸,掌心向下,向左侧做波纹状运动。

抗洪

① 双手握拳,屈肘,两拳相抵,然后右拳将左拳向左上方顶。
② 一手横伸,五指分开,掌心向下,自上而下做波浪状运动,反复几次,仿洪水暴发状。

防汛

① 双手直立,掌心向外一推。
② 一手横伸,掌心向下,向一侧做波纹状移动。

灾害

一手先打手指字母"Z"的指式,然后伸小指,向下一甩。

副业

① ②

① 左手伸拇指、食指;右手食指敲一下左手食指。
② 左手食指、中指、无名指和小指直立;右手食指横置于左手四指根部,搭成"业"字形。

养殖

① ②

① 左手食指直立;右手五指撮合,掌心向上,边向左手食指移动边张开五指。
② 一手打手指字母"ZH"的指式。

家禽

① ②

① 双手搭成"∧"形。
② 一手打手指字母"Q"的指式。

流程

① ②

① 一手横伸,掌心向下,向一侧做波纹状移动。
② 双手横立,左手在后不动,右手一顿一顿地向前移动几下。

产值

① 左手呈半圆形,虎口朝上;右手五指撮合,指尖朝上,边从左手虎口内伸出,边放开五指。
② 左手食指直立;右手食指横置于左手食指上,并上下微动几下。

①

②

产品

① 左手呈半圆形,虎口朝上;右手五指撮合,指尖朝上,边从左手虎口内伸出,边放开五指。
② 双手拇指、食指捏成小圆形,左手在上,右手在下连打两下,仿"品"字形。

样品

① 双手拇指、食指搭成"└┘"形置于脸颊两侧,然后上下交替动几下。
② 同"产品"手势②。

标准

左手食指直立;右手侧立,指尖对准左手食指。

试验

一手食指、中指直立并分开,掌心向内,在眼前交替点动几下,表示试试看之意。

复制

① 左手横伸,掌心向下;右手平伸,掌心贴于左手掌心,然后向下移动并五指撮合。
② 左手握拳在下;右手打手指字母"ZH"的指式在右手之上,然后右手向下砸一下左拳。

误差

① 一手食指、中指直立并分开,掌心向外,置于前额,然后翻转为手背向外。
② 双手平伸,掌心向下,左手不动,右手向下移,表示"差别"。

二、交通类常用词语

道路
双手侧立,掌心相对,相距约 20 cm,并向前伸出。

① ②

车站
① 双手虚握如握方向盘,上下转动,模仿操纵方向盘动作。(表示火车站时用火车站手势)
② 双手搭成"∧"形。

交通
双手侧立,由两侧向中间交错移动,表示车辆来往,引申为交通。

地铁
左手平伸,掌心向下;右手食指、中指弯曲如钩,手背向上,在左手掌下方向前移动。

自行车
双手握拳,在胸前交替向前转圈。

火车
左手食指、中指分开,指尖朝前;右手食指、中指弯曲,指背抵在左手食指、中指上,并向前移动,如火车行驶。

汽车

双手虚握，并上下转动几下，如操纵方向盘状。

公共汽车

① 双手拇指、食指搭成"公"字形。
② 双手食指、中指搭成"共"字形。
③ 同"汽车"手势。

飞机（航空）

一手伸拇指、食指、小指，掌心向下，并向前上方做弧形移动，仿飞机外形及起飞状。

船（轮船）

双手侧伸，指尖相抵向前移动，如船向前行驶。

三、数字类常用词语

1

一手食指直立或横伸。

2

一手食指、中指直立或横伸。

3

一手中指、无名指、小指直立或横伸。

4

一手食指、中指、无名指、小指直立或横伸。

5

一手五指直立;或拇指直立,食指、中指、无名指、小指横伸。

6

一手伸拇指、小指,指尖朝上或朝左,手背向外或向内。

7

一手拇指、食指、中指相捏,指尖朝前;也可一手伸拇指、食指、中指,食指、中指指尖朝上。

8

一手伸拇指、食指,手背向内或向外。

9
一手食指弯如钩形。

10
一手食指、中指相叠直立。

30
一手中指、无名指、小指直立并分开,然后弯动两下。

40
一手食指、中指、无名指、小指直立并分开,然后弯动两下。

50
一手五指直立并分开,然后弯动两下。

60
一手伸拇指、小指,手背向内或向外,指尖朝上,并弯动两下。

70
一手拇指、食指、中指相捏,指尖朝前,然后指尖向内弯动几下;或一手伸拇指、食指、中指,食指、中指指尖朝上,然后弯动两下,手背向内或向外。

80

一手伸拇指、食指,手背向内或向外指尖弯动两下。

90

一手食指弯曲如钩,并弯动两下。

百

右手食指直立,从左向右挥动一下。

千

一手食指书空"千"字。

万

一手食指书空"つ"形,表示"万"字的"横折钩"部分。

亿

左手拇指、食指摆成"亻"形;右手食指在左手旁书空"乙"字。

练习

用手语打出下列句子

1. 你每个月的收入是多少?
2. 你多大了?/你几岁了?
3. 我喜欢吃西瓜和苹果。
4. 多吃蔬菜和水果有利于身体健康。
5. 到上海可乘飞机、火车或长途汽车。

第七节 文化、教育、体育、卫生类常用词语

一、文化类常用词语

文化
① 一手食指书空"文"字。
② 一手打手指字母"H"的指式,并横向微移一下。

文艺
① 一手食指书空"文"字。
② 一手打手指字母"Y"的指式。

小说
① 一手拇指、小指指尖相捏。
② 一手食指横伸,在嘴前前后转动几下。

形式
① 双手食指、中指搭成"开"字形,右手伸中指、无名指、小指在左手旁书空"彡"形,仿"形"字形。
② 一手打手指字母"SH"的指式,并平行移动一下。

内容
① 左手横立,掌心向内;右手食指直立,在左手掌内自上而下移动。
② 双手食指指尖朝前互碰一下,然后向两侧分开,并张开五指。

复印

① 双手横伸，掌心相贴，右手在下，左手在上。
② 左手不动，右手边向下移动，边撮合五指。

报纸

双手侧立，掌心相贴，然后向两侧打开，动作幅度大些，如打开报纸状。

宣传

双手五指呈"⌐""⌐"形，虎口贴于嘴边，再向前方两侧来回移动两下。

公园

① 双手拇指、食指搭成"公"字形。
② 一手伸食指，指尖朝下，在胸前画一个大圆圈。

新闻（消息）

右手五指分开，指尖朝右，然后边向内移动，边转腕撮合五指，指尖抵于耳朵处。

旅游（游览）

① 一手伸拇指、小指，在胸前顺时针横向转动一圈。
② 右手直立，掌心向内，在面前转一圈，象征风光景色。

图书馆（书店）

① 双手侧立，掌心相贴，然后打开，如打开书状。
② 双手搭成"∧"形。

题目（标题）
　　左手横立，五指分开；右手拇指、食指张开，相距约2厘米，从左手拇指旁往右边移动。

电影
　　一手横立，五指张开，掌心向内，在面前上下摆动几下，表示画面变化。

节目
　　① 双手伸拇指、小指，指尖相对，并前后交替转动几下。
　　② 同"题目"手势。

舞蹈
　　双手手背抵住腰部，扭动几下身体，如跳舞动作。（也可根据实际情况模仿舞蹈动作）

唱歌（歌唱）
　　一手食指指尖抵在喉部，嘴微张，头向两侧微摆，模仿唱歌状。

钢琴
　　双手五指边交替灵活点动边左右移动，如弹钢琴状。

表演（演出）
　　双手伸拇指、小指，指尖相对，并前后交替转动几下。

游戏(玩)
伸出双手拇指、小指,顺时针横向交替转动几下。

照相(摄影)
双手拇指、食指弯曲,如持照相机状,置于眼前,右手食指向下点一下,如按照相机快门动作。

美术(绘画)
双手横伸,右手手背在左手掌心上抹两下,如绘画动作。

① ②
照片
① 双手拇指、食指弯曲,如持照相机状置于眼前,右手食指向下点一下,如按照相机快门动作。
② 双手拇指、食指张开,指尖相对,由中间向两侧微移,如彩色照片大小。

二、教育类常用词语

教育
双手五指撮合,指尖相对,手背向外,前后微动几下。

① ②
德育
① 一手打手指字母"D"的指式。
② 同"教育"手势。

智育
① 一手食指指尖点一下头。
② 双手五指撮合,指尖相对,手背向外,前后微动几下。

初中
① 左手伸拇指;右手食指敲一下左手拇指。
② 左手拇指、食指与右手食指搭成"中"字形。

高中
① 一手横伸,掌心向下,高举过头顶。
② 同"初中"手势②。

大学
① 双手伸出拇指、食指,掌心相对,两手同时向两侧移动一下。
② 双手斜伸,掌心向内,置于胸前如读书状。

专业
① 左手食指指尖朝前;右手五指张开,掌心向外置于左手食指根部,然后边向前移动,边收拢五指。
② 左手食指、中指、无名指、小指直立;右手食指横置于左手这四根手指根部,搭成"业"字形。

年级
① 左手握拳,手背向外;右手食指从左拳骨节处向下划。
② 左手直立,掌心向右;右手平伸,掌心向下贴于左手掌心,然后一顿一顿地向上移动。

班级
① 左手直立,五指分开;右手伸拇指并贴于左手掌。
② 同"年级"手势②。

书（本）
双手侧立，掌心相贴，再向两边打开。

① ②

上课（上学）
① 一手食指向上指。
② 双手斜伸，掌心向内，置于胸前如读书状。

① ②

下课
① 一手食指向下指。
② 同"上课"手势②。

写字
一手拇指、食指、中指相捏，如执笔写字状。（可根据实际情况模仿写字动作）

读书
双手斜伸并拢，掌心向内，嘴微动几下，眼睛看着手，如读书状。

① ②

语文
① 一手食指横伸，在嘴巴前后转动几下。
② 一手如执笔写字状。

① ②

成绩
① 左手掌心向上横伸；右手掌拍一下左手掌心，然后伸出拇指。
② 左手掌心向上横伸；右手打手指字母"J"的指式。

合格

① 双手横立,指尖相对,由身体两侧向身前移动至双手相叠。
② 双手五指分开,手背向外,交叉搭成格子,并向身体两侧下方微移。

升学

① 左手直立,掌心向右;右手食指指尖朝上贴于左手掌心,由下向上移动。
② 双手斜伸,掌心向内,置于胸前如读书状。

学习

① 同"开学"手势②。
② 一手五指撮合,按于前额。

幼儿园

① 一手平伸,掌心向下一按。
② 双手搭成"∧"形。

学校

① 同"开学"手势②。
② 同"幼儿园"手势②。

小学

① 一手拇指、小指指尖相捏。
② 同"开学"手势②。

毕业

① 双手手指并拢斜伸,掌心向内,如读书状,然后向下一甩,五指放开,指尖朝下。
② 左手食指、中指、无名指、小指与右手食指搭成"业"字形。

证书

① 左手掌心向上横伸;右手五指撮合,指尖朝下按于左手掌心。
② 双手侧立,掌心相贴,再向两侧打开。

笔记

① 一手拇指、食指、中指相捏,如执铅笔写字状。
② 一手打手指字母"J"的指式,置于前额。

书包

① 双手侧立,掌心相贴,再向两侧打开。
② 右手拇指、食指张开(间距约1厘米),指尖朝内,从左肩划至右腰部,表示书包的肩带。

铅笔

① 一手打手指字母"Q"的指式。
② 一手如执铅笔写字状。

钢笔

① 双手握拳,两拳一上一下,右拳向下砸一下左拳后向外移动。
② 同"铅笔"手势②。

毛笔

① 左手中指、无名指、小指横伸;右手食指在左手三指上书空"L",仿"毛"的字形。
② 同"铅笔"手势②。

圆珠笔

① 一手拇指、食指捏成小圆形。
② 同"铅笔"手势②。

橡皮

一手拇指、食指相捏,在另一手掌心上来回擦动,如用橡皮擦去笔迹状。

录取

① ②

① 左手五指张开伸直;用右手拇指、食指捏一下左手食指,然后向上一提。
② 一手五指微曲,指尖朝下,边撮合五指,边向胸前移动。

辅导

① ②

① 双手斜伸,掌心向前,拍动两下。
② 左手伸拇指;右手食指指尖朝前,在左手拇指指背后左右移动两下。

点名

① ②

① 左手横伸,掌心向上;右手食指在左手掌心上点一下。
② 左手中指、无名指、小指横伸;右手食指沿三指指尖划下。

课程

① ②

① 双手斜伸,掌心向内,置于胸前如读书状。
② 先右手握拳,虎口朝上,再依次伸出食指、中指、无名指、小指。

教导

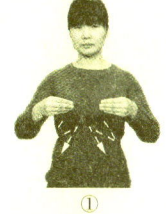 
① ②

① 双手五指撮合,指尖相对,手背向外,前后微动几下。
② 左手伸拇指;右手食指指尖朝前,在左手拇指指背后左右移动两下。

教学

① ②

① 同"教导"手势①。
② 同"课程"手势①。

教室

① 双手五指撮合,指尖相对,手背向外,前后微动几下。

② 双手搭成"∧"形。

科目

① 一手打手指字母"K"的指式。

② 左手横立,五指分开,掌心向内;右手拇指、食指张开,相距约2厘米,从左手拇指旁往右移动。

造句

① 双手握拳,两拳一上一下,右拳向下砸一下左拳。

② 一手拇指、食指张开,指尖朝前,由身体左侧向右侧移动一下。

比喻(比如)

① 双手伸拇指,交替上下动几下。

② 一手食指、中指并拢直立,掌心向外,朝面颊部碰一下。

作文

① 同"造句"手势①。

② 一手食指书空"文"字。

练习(复习)

① 左手掌心向上横伸;右手平伸,先掌心向下贴于左手掌心,然后翻转为掌心向上。

② 一手五指撮合,按于额前。

考试(测验)

① 同"比喻"手势①。

② 一手食指、中指直立并分开,掌心向内,在眼前交替点动几下。

背诵
① 双手并排伸开,掌心向上,然后双手作合书状。
② 一手食指横于唇前转动几下。

寒假
① 双手握拳屈肘,在身体两侧微微抖动几下。
② 双手掌心向内,手臂交叉贴于胸部。

暑假
① 一手五指分开,从额头向斜下方一抹,如擦汗状。
② 同"寒假"手势②。

文凭
① 一手食指书空"文"字。
② 左手掌心向上横伸;右手拇指、食指、中指撮合,指尖朝下按于左手掌心,如盖章状。

纸
双手五指相捏,指尖朝下,腕部微微晃动几下,如抖动纸状。

三、体育类常用词语

 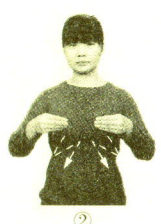

体育
① 双手握拳,屈肘,在胸前做扩胸动作。
② 双手五指撮合,指尖相对,手背向外,前后微动几下。

运动

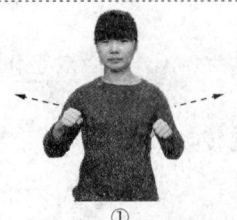

① 双手握拳,屈肘,在胸前做扩胸动作。
② 双手握拳,屈肘,前后交替转动几下。

锻炼

同"运动"手势①。

体操

① 一手贴于胸部,然后向下移动。
② 双手握拳,向前伸出,再收回,如做体操状。

足球

左手拇指、食指捏成小圆圈;右手食指、中指叉开,交替踢向左手小圆圈,如踢足球状。

排球

双手上举,五指微曲,指尖朝前上方弹动一下,如打排球状。

网球

① 双手五指分开,交叉相叠,分向身体两侧下移,象征球网。
② 右手握拳在胸前左右挥动,如打网球状。

羽毛球

① 左手横伸,右手五指微曲,轻捋几下左手背,如整理羽毛状。
② 右手握拳向前挥动,模仿打羽毛球动作。

乒乓球

左手拇指、食指捏成小圆圈,如乒乓球;右手横立,手背拍打几下左手拇指,如打乒乓球状。

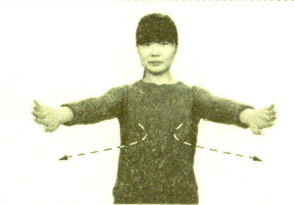

游泳（蛙泳）

双手弯曲,两臂同时向前伸出并划动,如蛙泳动作。

① ②

报名

① 一手五指撮合,指尖朝前置于唇前,然后边向外移动边放开五指。
② 左手中指、无名指、小指横伸,右手食指沿三指指尖划下。

① ②

冠军

① 左手伸拇指;右手食指敲一下左手拇指,表示第一。
② 右手横伸,掌心向下,贴于额前。

① ②

亚军

① 左手伸拇指、食指,手背向外;右手食指敲一下左手食指尖,表示第二。
② 同"冠军"手势②。

① ②

季军

① 左手伸拇指、食指、中指,手背向外;右手食指敲一下左手中指,表示第三。
② 同"冠军"手势②。

奖章

左手拇指、食指捏成小圆圈,虎口朝外;右手五指并拢,指尖朝下抵于小圆圈上端,贴于左胸,象征奖章。

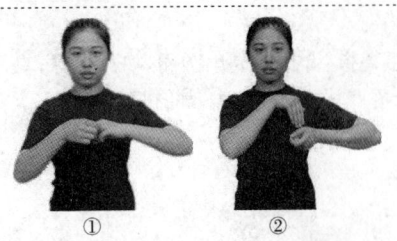

金牌

① 右手食指点一下左手无名指根部。
② 左手拇指、食指捏成小圆圈,虎口朝外,右手五指并拢,指尖朝下抵于小圆圈上端,贴于左胸,象征奖章。

操场

① 双手握拳,向前伸出,再收回,如做体操状。
② 右手食指尖朝下在胸前水平画一大圆圈。

四、卫生类常用词语

卫生

① 一手拇指、食指搭成"十"字形,置于额前。
② 一手打手指字母"SH"的指式。

听力

① 一手五指微曲,掌心向外,贴于耳部。
② 一手握拳,屈肘,向内弯动几下。

视力

① 一手食指、中指分开,指尖朝前指一下。
② 一手握拳,屈肘,向内弯动几下。

成长

一手平伸,掌心向下,向上移动。

病历

① 左手手指虚握、平伸，掌心向上；右手五指并拢，食指、中指、无名指指尖按于左手脉门处，如中医诊脉动作。

② 左手拇指、食指呈"厂"字形；右手食指在"厂"内书空"力"字，仿"历"字形。

感冒

① 一手捂在胸口，面露痛苦表情。

② 一手伸食指、中指，指尖对着鼻部，上下移动几下，如流鼻涕状。

医院

① 一手拇指、食指搭成"十"字形置于前额。

② 双手搭成"∧"形。

挂号处

① 左手横伸，右手中指、无名指、小指指尖向下，在左手掌心上点一下。

② 一手直立，五指微曲，虎口贴于口部。

③ 一手打手指字母"CH"的指式。

外科

① 左手侧立，掌心向内；右手食指从左手背外向下指一下。

② 一手打手指字母"K"的指式。

内科

① 左手侧立，掌心向内；右手食指直立，在左掌心内从上向下移。

② 同"外科"手势②。

儿科
① 一手平伸,掌心向下一按。
② 一手打手指字母"K"的指式。

门诊
① 双手并排直立,掌心向外。
② 左手虚握、平伸,掌心向上;右手五指并拢,食指、中指、无名指指尖按于左手脉门处,如中医诊脉动作。

化验(显微镜)
双拳虚握,互相重叠贴于眼部,然后双手交错微微转动,头微低,表示化验时以显微镜观察物体的动作。

助听器
一手拇指、食指、中指撮合,先置于左胸部,然后上移到耳朵边。

康复
① 双手张开,掌心朝内,拇指不动,其他四指边往下移动边握拳。
② 双手斜伸,指尖向前,掌心相对,同时向右翻动一下,变成两手侧立。

练习

用手语打出下列句子

1. 浑身无力、流鼻涕是感冒的症状。
2. 去医院看病,要先挂号,再就诊。
3. 下课了,同学们喜欢去打羽毛球。
4. 上大学,选择一个好专业是很重要的。
5. 上课时,老师让我们练习用"好像"造句。
6. 经过努力,他终于考上了理想的大学。
7. 助听器是聋人的好朋友,可以帮助一些聋人听见声音。

第八节　时间、节日、空间类常用词语

一、时间类常用词语

时间
　　左手侧立；右手伸拇指、食指，拇指指尖抵于左手掌心，食指向下转动。

　①　　　　　　　②

年龄
　　①一手食指沿另一手拳背骨关节凸起处向下划，即"年"的手势。
　　②一手指尖向上，五指分开，指尖颤动几下，表示多少。

星期一
　　左手直立，掌心向外；右手食指直立，移向左手掌心。

一星期
　　左手食指直立不动；右手打"七"的手势在左手食指尖上点一下，表示七天即一星期之意。

　①　　　　　　　②

每天
　　①一手食指向上伸直，向身体一侧一顿一顿地移动几下。
　　②右手伸食指，指尖向左，然后做弧形移动至左肩前。

昨天
　　一手食指直立，自太阳穴处向后点一下，表示过去的一天，即昨天。

今天
　　伸出双手,掌心向上,在腹部同时上下掂动两下。

明天
　　一手伸食指贴于太阳穴部,头微偏,然后食指离开太阳穴,头部转正。

早上(早晨)
　　右手横伸,五指撮合,手背向上,然后稍向上移动并逐渐张开五指,表示早晨太阳初升,天色由暗转明。

上午
　　右手食指横伸,指尖向右,然后做弧形向上移动并直立,象征太阳逐渐上升。

中午
　　一手食指、中指相叠,指尖朝上,手背向内置于头前,然后边转动手腕边分开食指、中指。

下午
　　右手食指直立于头部正中,然后向左侧做弧形下移,象征太阳从头顶逐渐下坠。

白天
　　① 一手从另一手背上划过,并打出手指字母"B"的指式。
　　② 右手伸食指,指尖向右,然后做弧形移动至左肩前。

晚上
　　一手拇指与并拢的四指成90度直角,放在眼前,然后缓慢做弧形下移,同时五指捏合,象征天色由明转暗。

秒
　　右手伸出食指、中指书空""形,即秒的计时符号。

分
　　一手食指书空"′",即分的计时符号。

①　　　　　　②

小时
　　① 一手拇指与小指指尖相捏。
　　② 左手侧立;右手伸拇指、食指,拇指指尖抵于左手掌心,食指向下转动。

①　　　　　　②

一刹那(一会儿、一瞬间)
　　① 一手食指向上伸直。
　　② 一手拇指、食指相捏,在眼前迅速晃过。

以前(过去)
　　一手直立,掌心向内,手向肩后挥一下。

以后
　　一手指尖向下,掌心向内,向后挥动一下。

111

最近
① 一手拇指尖抵于食指根部,并向下一沉。
② 双手拇指、食指相捏,相互靠近,表示距离接近。

现在
一手横伸,掌心向上,上下掂动两下。

季节
① 右手伸食指在左拳四个骨节处自上而下各点一下。
② 一手打出手指字母"J"的指式。

二、节日类常用词语

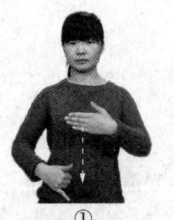 

生日
① 左手横立,五指微曲,手背向外;右手伸拇指、小指先置于左手掌内,再向下移出左手掌外。
② 一手拇指、食指弯曲成半圆形,从一边向另一边做半弧形移动,象征从日出到日落,即一天的时间。

节日
① 一手打出手指字母"J"的指式。
② 同"生日"手势②。

元旦
双手伸出食指,一上一下横于胸前,表示阳历的一月一日。

除夕
① 右手伸食指从左拳的骨节处向下划。
② 一手中指、无名指、小指直立,再向前弯动一下,表示"三十"。

春节
① 右手伸食指点在左拳食指骨节处。
② 一手打出手指字母"J"的指式,置于前额。

"三八"妇女节
① 一手打出"三"的手势在上,另一手打出"八"的手势在下,表示阳历三月八日。
② 同"春节"手势②。

 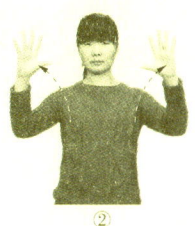

清明节
① 一手掌心从另一手掌心上擦过(幅度要大一点),并握拳伸出拇指。
② 双手虚握,指尖相对,放于胸前,然后向上伸开五指,掌心向外,表示"发光""明亮"。
③ 同"春节"手势②。

劳动节
① 一手五指横伸在上,另一手食指横伸在下,表示阳历五月一日。
② 同"春节"手势②。

聋人节

① 一手食指、中指贴于耳部,表示耳聋。
② 双手食指相搭呈"人"字形。
③ 一手打手指字母"J"的指式,置于前额。

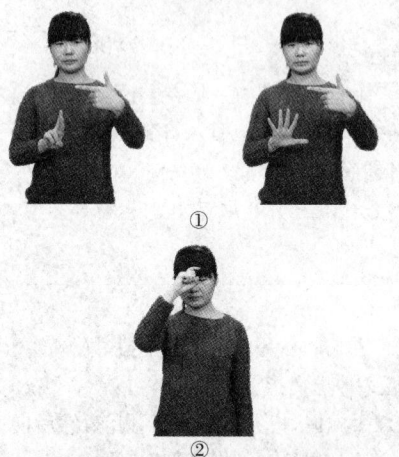

中秋节

① 左手伸拇指、食指,这是"八"的手势。右手先伸食指、中指,交叉相搭;然后改伸五指,这是"十五"的手势。
② 同"聋人节"手势③。

国庆节

① 一手打手指字母"G"的指式,然后顺时针平行转一圈。
② 双手抱拳作揖。
③ 同"聋人节"手势③。

三、空间类常用词语

位置（位）
　　一手握拳伸出拇指，置于另一手掌心上，表示所在的位子。

表面
　　左手横立；右手摸一下左手背，表示物体的表面。

内（里面）
　　左手横立；右手食指直立，在左手掌内自上而下移动，表示里面。

外（外面）
　　左手横伸，手背向外；右手伸食指，指尖向下，在左手背外向下指，表示外面。

① ②

中间
　　① 左手拇指、食指与右手食指搭成"中"字形。
　　② 左手横立，五指分开，右手伸食指，在左手中指和无名指指缝间插一下。

周围
　　右手打手指字母"ZH"的指式，并在胸前顺时针绕一圈。

传统
　　双手五指撮合,指尖斜向相对,边向下移动,边张开五指。

 练习

用手语打出下列句子

1. 今天是几月几日？星期几？
2. 今天是九月一日,星期一。
3. 一年有 365 天,有 12 个月,有春、夏、秋、冬四个季节。
4. 我每天早晨六点起床,七点去学校。
5. 每年九月的第四个星期天是聋人节。
6. 春节是中国人的传统节日。
7. 我们要学会珍惜每一分钟。

第九节　天文、地理类常用词语

一、天文类常用词语

天文
① 一手食指直立，在头侧上方旋转一周。
② 一手食指书空"文"字。

月亮
　　双手伸拇指、食指，相距约 3 厘米，指尖相对，然后做弧形状向身体两侧下移，同时拇指、食指间距渐小，如半弦新月状。

太阳
　　双手拇指、食指搭成大圆形，从身体右侧向头顶做弧形上移，如太阳升起。

天气（气候）
① 一手伸食指，指尖向上，在头侧上方顺时针转动一圈。
② 一手打手指字母"Q"的指式，置于鼻前。

气象
① 同"天气"手势②。
② 一手伸出食指在头侧上空顺时针转一圈，同时眼睛向上看，似在仰观天象。

二、地理类常用词语

地理
① 一手食指向下指。
② 一手打手指字母"L"的指式。

陆地
① 一手打手指字母"L"的指式。
② 同"地理"手势①。

海洋
双手平伸，掌心向下，向身体两侧做波浪形移动，动作幅度要大。

中国
一手伸食指从咽喉部向下顺肩部、胸部至右腰部划下，以民族服装——旗袍的前襟线表示中国。

省会（省）
① 一手打手指字母"SH"的指式，并在身体一侧顺时针转一圈。
② 双手食指弯曲，指背向上，指尖相对，做"城墙"形，向两旁分开，象征城垛。

城市
① 同"省会"手势②。
② 同"省会"手势①。

北京

右手伸食指、中指,自左肩斜划向右腰部。(此为北京当地手语)

上海

双手握拳,两手小指一上一下互相勾住。(原是英文字母"S"的双拼指式,此为上海当地手语)

天津

一手食指、中指并拢在太阳穴处向上指。

江苏

① 双手掌心相对,相距 30 厘米左右,斜向身前做曲线移动。
② 一手平伸,五指相捏成圆球形,指尖朝上。

南京

双手四指并拢微曲,手背向上,做弧形向下移,最后双手指背互相紧贴。

天安门

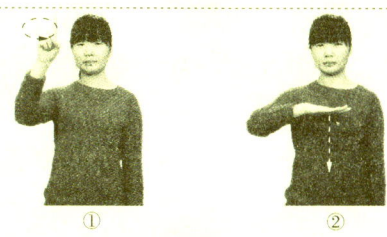

① 一手食指指尖朝上,在头侧顺时针转一圈。
② 一手平伸,掌心向下,在胸前向下一按。
③ 双手五指并拢,掌心向外,并排直立。

长江

① 双手食指相对，从中间向两侧拉开。

② 双手掌心相对，指尖朝前，相距约 30 厘米，向前做曲线移动。

黄河

① 一手打手指字母"H"的指式，并摸一下脸颊。

② 双手侧伸，掌心相对，相距约 20 厘米，向前做曲线状移动。

世界

左手握拳，手背向外；右手五指张开微屈，自上而下绕左拳转动一下。

地球

右手横伸握拳，腕部转动一下，表示地球。

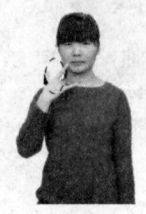

澳门

右手伸拇指、食指、小指，食指指尖抵于面颊，手腕转动几下。

台湾

右手握拳，手背向上置于嘴前，然后手腕前后转动几下。

加拿大

右手握拳，拇指稍伸出，指尖朝上，置于右胸部，然后上下移动两下，如背猎枪状。

国际
　　左手握拳,手背向外;右手打手指字母"G"的指式,先自上而下,再自下而上绕左拳一圈。

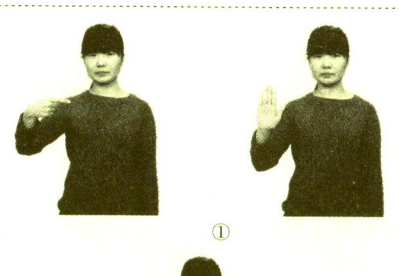

故宫
　　① 一手打手指字母"G"和"U"的指式。
　　② 双手搭成"∧",然后边向身体两侧移动,边伸拇指、小指,指尖朝上如屋檐状。

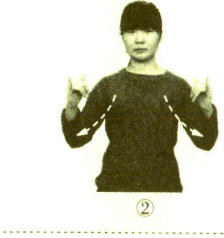

练习

用手语打出下列句子

1. 长江、黄河是我国的母亲河。
2. 暑假,我们全家去台湾旅游。
3. 南京是江苏的省会。
4. 如果你去北京,一定要参观长城和天安门。
5. 今天天气怎么样?
(1) 今天天气晴朗。
(2) 今天是阴天(阴有雨)。
(3) 风、微风、大风、狂风;小雨、大雨、阵雨、倾盆大雨、狂风暴雨。
(4) 雪、鹅毛大雪;雾、茫茫大雾;霜、露;雷、电、雷电交加。

第十节 其他常用词语

不一定
一手食指、中指分开,指尖朝前,手腕左右转动几下。

大概
一手平伸,五指分开,掌心向下,手腕左右微转几下,面露推测的神态。

或者
右手打手指字母"H"的指式,手腕向左转动半圈。

尽量
双手先贴于胸部,然后向外伸出,掌心向上。

虽然
① 一手打手指字母"S"的指式。
② 一手打手指字母"R"的指式。

如果
① 双手直立,掌心相对,五指微曲,交替左右转动一下。
② 双手拇指、食指弯曲,搭成圆形。

但是
① 一手打手指字母"D"的指式。
② 一手食指、中指相叠,自上而下挥动一下。

由于
① 左手伸拇指;右手伸食指碰一下左手拇指尖。
② 左手食指、中指横伸并分开;右手食指在左手食指、中指中间书空"亅",仿"于"字形。

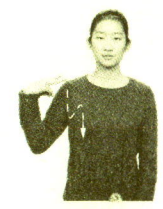

仍然
一手食指、中指横伸分开,在肩部前后划动两下,表示现在与过去一样。

按照
双手平伸,掌心向上,左手不动,右手移向左手,并在一起。

针对
左手食指直立;右手食指指尖对准左手食指指一下。

经过
左手食指指尖朝前;右手横立于左手食指根部,再向前移动。

渐渐
右手横伸,掌心向下,一顿一顿慢慢地向左侧移动几下。

另外

① 左手伸拇指、食指，手背向外；右手伸食指敲一下左手食指。
② 左手横立，手背向外；右手伸食指在左手背外向下指一下。

最后

左手小指横伸；右手伸食指敲一下左手小指。

终于

① 左手小指横伸；右手伸食指敲一下左手小指。
② 左手食指、中指横伸并分开；右手食指在左手食指、中指中间书空"丁"，仿"于"字形。

算了

 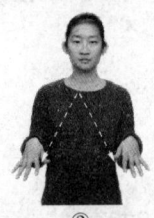

① 双手直立，五指分开，手背向外互碰一下。
② 双手手腕向下一甩，掌心向下。

实事求是

① 左手食指横伸；右手食指、中指相叠敲一下左手食指。
② 一手食指、中指相叠，指尖朝上。
③ 双手抱拳作揖。
④ 一手食指、中指相叠，先直立，再向下一挥。

持之以恒

① 双手伸食指,一上一下,指尖斜向相对,然后向下移动。
② 一手打手指字母"Y"的指式。
③ 一手打手指字母"H"的指式,横向微移一下。

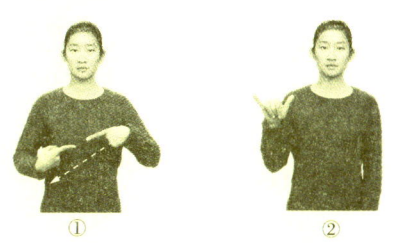

自力更生

① 一手食指直立,至于胸前。
② 右手握拳屈肘,向内弯动一下。
③ 一手食指、中指直立并分开,由掌心向外翻转为掌心向内。
④ 一手打手指字母"SH"的指式。

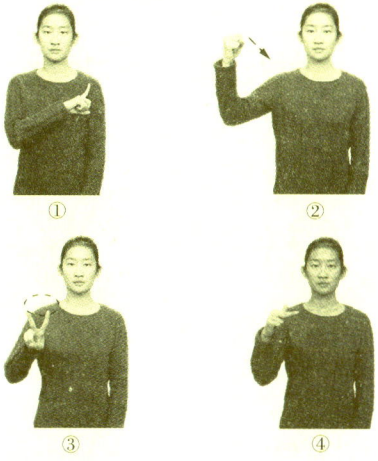

各尽其能

① 一手食指直立,向一侧一顿一顿地移动几下。
② 双手先贴于胸部,然后伸出,掌心向外。
③ 右手握拳屈肘,向内弯动两下。

练习

用手语打出下列句子

1. 无论你在什么时候开始,重要的是开始之后就不要停止。
2. 人要敢于向命运提出挑战。
3. 拥有一个精彩的人生不是偶然的事,也不是环境所能决定的,而在于你自己的努力。
4. 我国已于1997年7月1对香港恢复行使主权,设立香港特别行政区。
5. 在太空中运行的人造卫星、宇宙飞船等属于人造天体。
6. 我不去想是否能够成功,既然选择了远方,便只顾风雨兼程。
7. 大家要支持、配合残疾人联合会工作。
8. 人生是需要奋斗的,只要你奋斗了,失败后才能问心无愧。
9. 孩子要多吃有营养的食品,才能健康成长。
10. 美好的生命应该充满期待、惊喜和感激。
11. 地球上共有七大洲:亚洲、非洲、欧洲、北美洲、南美洲、大洋洲和南极洲。
12. 手势规范到位是学习手语的关键。
13. 评价是促进学生良好行为习惯养成的重要手段。
14. 残疾人就业歧视是阻碍我国残疾人就业的一大障碍。
15. 生命不是一场竞赛,而是一段旅程。
16. 我国位于北半球,在亚洲的东部,太平洋西岸。
17. 世上最永恒的幸福就是平凡,人生中最长久的拥有就是珍惜。
18. 多用心去倾听别人怎么说,不要急着表达你自己的看法。
19. 依法发展残疾人事业,维护残疾人合法权益。
20. 请在地图上找出太平洋、大西洋、印度洋和北冰洋的位置。
21. 考试的目的是复习、巩固前一阶段所学的内容。
22. 人民法院是我国的审判机关。
23. 中国的地势西高东低,呈阶梯状分布。
24. 市中级人民法院召开严惩经济犯罪宣判大会。
25. 理想的路总是为有信心的人准备的。
26. 我国的领海有五个海区:渤海、黄海、东海、南海以及台湾东侧的太平洋。

第三章　场景手语对话练习（一）

 学习目标
- 能用手语熟练地打出场景对话中的内容。
- 能看懂对方用手指语表达的词和句子。
- 能看懂情景对话所表达的主要含义,并很快地进行口译。

范例 1

甲:你好！请问你家有几个人?

乙:你好,我家有三个人,爸爸、妈妈和我。

甲:你爸爸是做什么工作的?

乙:我爸爸是一名中学老师。

甲:妈妈呢?

乙:妈妈是护士,他们都很关心我。

范例 2

甲:你好！请问你是哪里人?

乙:你好,我来自北京。

甲:你在哪个学校上学?

乙:我在南京特殊教育师范学院上学。

甲:你读的什么专业?

乙:特殊教育专业听障教育方向。

甲:那你会手语吗?

乙:是的,我们都在学手语,可以用手语和聋人交流,我很开心。

范例 3

甲:今天天气怎么样?

乙:晴天,有点热。

甲:是的,注意休息,要防止中暑。

乙:谢谢。天气预报说下午有雷阵雨,晚上会凉快些了。
甲:太好了,出去记得带伞哦。
乙:OK。

范例 4

甲:你好,我的名字是黄敏,来自安徽黄山。你呢?
乙:我叫李明,是江苏南京人。
甲:很高兴认识你。欢迎你来黄山旅游。
乙:那里有许多好玩的景点吗?
甲:是的,暑假你可以来我家玩。
乙:好,有机会我一定去。

范例 5

甲:你好,请问你知道青奥会吗?
乙:我知道,2014 年青奥会在南京举办。
甲:你知道南京青奥会的主题吗?
乙:"与青奥共成长"。
甲:开幕式的时间你了解吗?
乙:嗯,是 2014 年 8 月 16 号。
甲:你懂的知识真多啊!
乙:谢谢夸奖。

范例 6

甲:王红,这次考试主要考哪些课程?
乙:有语文、数学、英语,还有计算机。
甲:准备得怎么样了?
乙:有点紧张,怕考不好。
甲:以平常心对待,放轻松点。要相信自己!
乙:谢谢你的鼓励,我会努力的。

范例 7

甲:黄敏,你中午吃了些什么?
乙:我吃了鸡肉和猪排。
甲:怎么不吃些蔬菜?
乙:我只爱吃肉,不爱吃蔬菜。
甲:这个饮食习惯不好。营养要全面,身体才能健康。
乙:谢谢你的提醒,我会注意的。

范例 8

甲:李强,你喜欢体育锻炼吗?

乙:嗯,非常喜欢。

甲:你平时做些什么运动呢?

乙:我最喜欢踢足球。

甲:还有其他的吗?

乙:打乒乓球也是我的爱好。

甲:那下次我们一起打乒乓球吧。

乙:好的。

范例 9

甲:你好,请问北京哪里比较好玩?

乙:我觉得长城值得一去。

甲:其他的景点呢?

乙:天安门,可以在那里看升旗仪式。还有故宫、颐和园等。

甲:谢谢你的介绍,有时间我一定去。

乙:不用谢。

范例 10

甲:小东,你看起来心情不好。是什么原因呢?

乙:我想念家人了。

甲:我们都是好朋友,以后遇到不开心的事都可以对我说。

乙:谢谢你。

甲:不用谢,那我们一起玩吧!

乙:好的。

第四章 主题片段练习

 学习目标
- 围绕某一主题,用手语打出所要表达的内容,要注意动作的准确性和连贯性。
- 每个话题词汇量保持在100～120个左右。
- 拼打时间控制在1分30秒左右。

1. 自我介绍

范例1

大家好,我叫白雪。三年前,我还生活在遥远的黑龙江,那是我的家乡,那里的山美、水美、人更美。现在的我在南京特教学院上学,学的是特殊教育专业。

我有着东北人特有的性格:倔强,坚强而又豪爽。我喜欢自由的生活,不想被束缚;我喜欢读书、上网,喜欢我所学的专业;我更喜欢热闹的地方,所以我常常会和朋友们出去玩,大家开开心心地在一起,忘掉所有的烦恼与压力。

现在,我在为我的未来奋斗,希望我能有一片属于自己的天空。我相信:我的未来不是梦。

范例2

我的家在美丽的内蒙古,那里有一望无际的呼伦贝尔大草原。我出生于杜鹃花开的春季,春天是一个充满希望的季节,所以父母给我起了"刘春梅"这个名字,希望我以后变得聪明、漂亮。我性格开朗、随和,也爱笑,喜欢交朋友,同学们叫我"春老师",有时也称我为"小内蒙",我希望和大家成为好朋友。

我喜欢看书,这可能与父母的教育有关。我喜欢文学、医学,曾经的理想是当一名优秀的医生,后来由于许多原因,我选择了特殊教育这一专业,现在我很爱这门专业,也很爱这项工作。我的理想是十年之后成为一名优秀的特教老师。

2. 我的家

范例1

我的爸爸曾说过:"我们身边的亲人、朋友、老师、同学都是天使,他们会陪我们走过一段幸福的时光,然后离开。"

我的爸爸就是这样的天使,在病人眼中他是位和蔼可亲的医生。他守护了我19年,在我高考的时候永远地走了,我很想念他。

我的妈妈是位善良的天使,在爸爸离开的日子里,妈妈教我学会了坚强。邻居喜欢和她聊天,我们喜欢听妈妈讲人生的故事。

弟弟是位快乐的天使,活泼可爱。我们一起走过那黑暗的岁月,他给我欢笑,给我勇气。

我爱我的家。

范例 2

家对每个人都很重要,家是温暖的代名词,是充满爱的天堂。

我家有四名成员:爸爸、妈妈、妹妹和我。爸爸妈妈平时虽然很忙,但节假日一到,我们全家就会出去玩,用相机留下一些美好的回忆。

爸爸妈妈告诉我们:做人,不论在什么时候,都一定要对自己负责。我和妹妹也会吵架,但这并不影响我们之间的亲密关系。我俩是爸妈最大的骄傲。

我家只是许多普通家庭中的一个,但它却是给我爱和力量的地方。我爱我家!

3. 校园生活

范例 1

校园生活是丰富多彩的,尤其是大学的校园生活。在这里,你可以结识很多来自五湖四海的朋友,可以感受各地文化的差异,也可以参加各种具有挑战性的活动,从而提高自己各方面的水平。校园就像一个小小的社会,有竞争,有挑战,有失败,也有成功。它给我们带来了很多的欢乐与知识,在成长的岁月里为我们点缀了一幅幅人生的画面,使我们的人生路上充满惊喜与自豪。

在这里我们可以学习很多为人处事的方法,结识更多的朋友,增长自己的见识。

范例 2

大学的生活是丰富多彩的:一方面,大学生活相比以前更自由;另一方面,校园里有各种各样的组织,如学生会、社团、协会……

体育馆里,老师在耐心地指导动作,有羽毛球、乒乓球练习,还有精彩的排球小组赛;大礼堂有着精彩的文艺演出:流行歌曲的演唱,多种乐器的弹奏,还有幽默小品等,都是同学们精心准备的节目;图书馆、阅览室里有着学子们认真学习的身影;计算机房里,学生们在熟练地操作程序,提高自己的电脑技能;宿舍楼南面的植物园里,有的同学在下棋,有的在读散文,享受着午后美好的时光。

4. 我的理想

范例 1

我有一个理想,就是到偏远山区做一名与特殊人群在一起的工作人员,无论是做一名特殊教育老师还是康复工作者。由于那里偏远落后,康复机构很少,特殊教育学校也很少,有些地方甚至连一所康复机构和特殊学校都没有。我知道做这项工作需要很多的爱心和耐心,但我觉得还需要信心和力量。

所以,如果有机会做这项工作,我一定尽自己最大努力帮助他们,实现他们的人生价值,同时实现我自己的人生价值。

范例 2

在人生的道路上,面对一个个十字路口,我们会面临各种各样的选择。一年后,我们就要毕业了。毕业后我想去西部支教,去帮助那些贫困地区的孩子,教给他们更多的科学文化知识,让他们能更好地了解和认识外面的精彩世界,使他们能够健康地成长。

在未来的一年里我会努力学习专业知识、掌握专业技能、提高自己的实践能力、开拓自己的思维。只有不断地充实自己,才能将更丰富的知识传授给西部那些可爱的孩子!同时,支教西部不仅能丰富自己的知识经验、履行作为人民教师的义务,还能感受华夏大地的沃饶,使我的人生更加丰富多彩!

5. 我的家乡

范例 1

我的家在汕头,汕头是一座美丽的海滨城市。优美的风景,慢节奏的生活使其成为适合人居住的城市。

汕头是著名的侨乡,早年许多人到香港、台湾、澳门和东南亚等地工作,成为有名的商人。这些人对汕头经济的发展有很大的贡献。

汕头临江面海的独特地理位置造就了汕头独特的乡土人情和饮食文化。汕头人热情好客,汕头美食更是远近闻名。汕头的特殊教育事业发展得很好,说明了汕头对残疾人特殊教育的关心和重视。

欢迎各位到汕头来,相信我们的热情、美食和文化会给您留下深刻的印象。

范例 2

我的家乡是中国的首都北京,它位于中国的华北,人口大约是 1 300 万。北京是一座美丽的城市,也是一座有悠久历史的文化名城,是中国的政治、信息、文化、交通和国际交流中心。2008 年的奥林匹克运动会在北京举行。北京的名胜古迹不计其数。天安门、故宫、天坛、八达岭长城、颐和园和北海公园这些都代表着北京悠久的历史。北京还有许多的商业街,如王府井、西单、新街口等。

我爱北京,因为我的童年生活是在北京度过的,北京给我留下了深刻的印象和无数美好的记忆!

6. 我的专业(职业)

范例 1

2007 年 1 月,手语翻译被中国劳动与社会保障部认定为新职业。

我国目前有至少 2 057 万聋人,而懂手语的健听人很少。手语翻译的任务多数由聋校老师承担,所以现在手语翻译员数量少,而高水平的手语翻译员就更少了。

真正开始学习手语后我发现,优美的手语并不是很容易就可以掌握的,因为手语很难记住,所以必须通过大量的练习同遗忘做斗争。还要将手语应用到实践中,要经常和聋生交流。向聋人学习一些地方手语,以利于将来更好地为他们服务。我爱我的专业,希望以后它能发展得更好。

范例2

手语是一门新兴的职业,它充满未知、崎岖和挑战。我要感谢我的专业,因为它,我幸运地认识了来自祖国天南海北的46个人,我们怀着同样的梦想,追逐着同样的目标,聚到了一起,组成了永远的078班。

我要感谢我的专业,因为它,我幸运地认识了我的手语启蒙老师。依然记得第一次手语课时,我们怀着期待与兴奋等待着老师的到来。在老师的帮助下,我们慢慢打开手语世界的大门。

我要感谢我的专业,因为它,我认识了许多聋人朋友,他们会很热心地教我手语,她们的可爱与善良让我感动。我们在一起聊天、谈生活、谈学习、谈梦想……

7. 我喜爱的……

范例1

自从成为南京特殊教育师范学院的学生后,我就爱上了一种特殊的语言——手语,我认为它是世界上最优美的语言之一。

我喜欢手语因为它不仅是一门语言,还是一门艺术,它能给人带来愉悦,它能使我们和聋人走得更近。

要想学好手语,除了上课要好好学习之外,更重要的是要和聋人多交流,这样才能走进聋人的世界,了解他们的心理,与他们做真正的好朋友,也可以帮助聋人更好地融入社会。让我们一起努力,学好手语,用好手语!

范例2

我最喜爱的花是梅花,它与竹子、松树并称"岁寒三友",从古至今为人们所喜爱。这不仅因为它有美丽的外表,独特的香气,更因为它自身显现的精神——它象征坚韧、勇敢、不放弃的精神品质。它生长在寒冷的冬季,忍受着刺骨的北风,却仍然能开放出美丽的花朵,给人们送去阵阵清香,而且从不夸耀自己。它的精神鼓励了很多中国人不畏艰难,奋勇拼搏,去争得更加幸福美好的生活。

我要向梅花学习,做个品质坚强、态度谦虚、对社会有贡献的人!

下篇
提高拓展部分

第五章 手势语词汇（二）

> **学习目标**
> 1. 熟练准确地打出手势词语和句子。
> 2. 能够看懂他人打出的手势语词汇和句子。

第一节 服饰、食品、生活用品类拓展词语

一、服饰类拓展词语

西服
　　双手伸拇指，自颈部两侧向下至胸口划两条斜线，表示西服领口。

① ②

丝绸
　　① 一手食指、拇指相捏，从口边向外移动，如蚕吐丝状。
　　② 一手拇指和其他四指互捻，像用手去感觉丝绸的光滑度。

旗袍
　　一手打手指字母"Q"的指式，由领口向下移至腰部，如旗袍的外形。

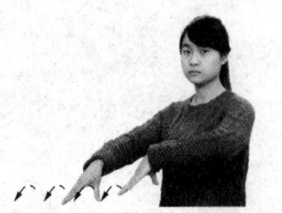

高跟鞋

双手向前下方斜伸,食指、中指、无名指、小指指尖朝前并拢,拇指指尖朝下,然后双手交替向前移动,仿穿高跟鞋走路状。

靴子

左手五指微曲,掌心向下;右手五指并拢插入左手掌心,然后向上在左手臂部画一横线。

二、食品类拓展词语

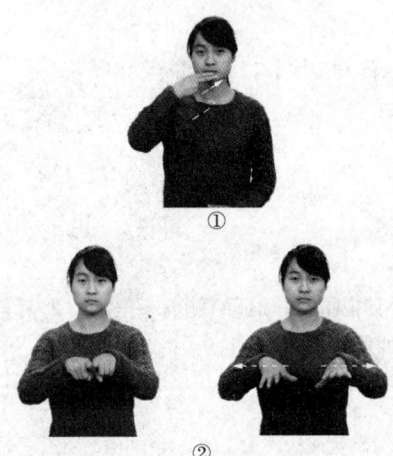

食物

① 一手伸食指、中指做吃饭动作。
② 双手食指指尖朝前,先互碰一下,再分开并张开五指。

肉

右手拇指、食指、中指捏左手的"小鱼际"(经穴名)部位。

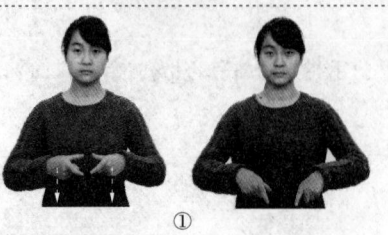

蛋

双手拇指、食指搭成椭圆形,然后向下一甩,做打蛋动作。

粽子

左手伸拇指、食指、小指，指尖朝右，中指、无名指弯曲，成棱锥形状；右手拇指、食指相捏，围绕左手转几下，模仿捆粽子的动作。

汉堡包

① 左手呈"⊏"形；右手平伸，掌心向上插入"⊏"形中。
② 双手拇指与四指分别呈"⊏"和"⊐"，仿拿汉堡包状。

饮料

① 一手虚握做喝的动作。
② 双手食指指尖朝前，先互碰一下，然后分开，并张开五指。

咖啡

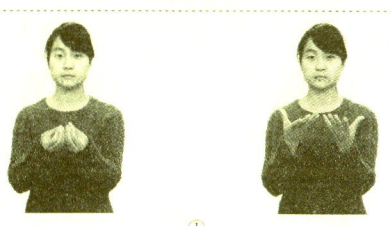

左手虚握如拿杯子状；右手打手指字母"K"的指式，中指对准左手虎口做搅拌动作。

爆米花

① 双手五指撮合，指尖相对，然后同时迅速向上弹起，放开五指。
② 一手拇指、食指相对，中间留有米粒大小的距离。

③ 一手五指撮合,指尖朝上,然后张开五指。

③

元宵(汤圆)

① 双手掌心相贴,仿搓元宵动作。

② 一手拇指、食指捏成小圆形,连续打两下。

① ②

快餐

① 一手拇指、食指相捏,从身体一侧向另一侧做快速挥动。

② 一手伸食指、中指做吃饭动作。

① ②

西餐

① 左手食指、中指、无名指分开,指尖朝下,如叉状;右手食指、中指并拢,指尖朝前,在左手旁前后划一下,如用餐刀状。

② 左手食指、中指、无名指分开,指尖朝上,移向唇部;右手姿势不变。

① ②

蛋糕

① 双手拇指、食指搭成椭圆形,然后向下一甩,做打蛋动作。

② 一手五指呈"冂"形,轻捏几下。

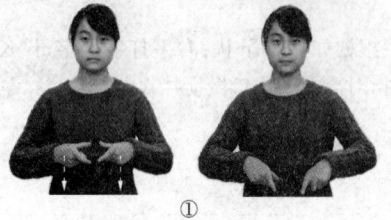

①

②

点心

左手横伸,五指微曲,掌心向上;右手拇指、食指捏成小圆圈置于左手掌心上,然后放在嘴边,做咬的动作。

油
　　一手伸拇指、小指，拇指朝下转一圈，如持油壶向锅里倒油状。

盐
　　① 一手打手指字母"X"的指式，放在嘴前上下微动。
　　② 一手拇指、食指、中指指尖朝下互捻。

 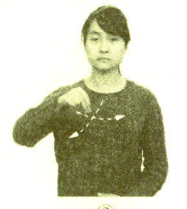
　① 　　　②

酱油
　　① 左手横伸；右手掌在左手掌心上抹一下，如抹酱动作。
　　② 同"油"手势②。

　① 　　　②

醋
　　① 一手打手指字母"C"的指式。
　　② 一手拇指、食指相捏置于嘴边，腮向内缩，眉微蹙，如吃到酸味状。

　① 　　　②

香烟
　　一手食指、中指置于嘴边，如吸烟状。

玉米
　　一手横伸，五指撮合置于嘴前转动，如吃玉米状。

菠萝
　　① 双手五指弯曲，指尖相对，左手在下，右手在上，如菠萝状。
　　② 右手五指撮合，在左手背上点动几下，仿菠萝外形的特征。

　① 　　　②

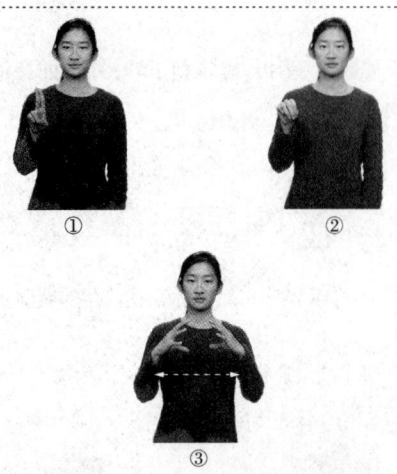

哈密瓜

① 一手打手指字母"H"的指式。

② 一手打手指字母"M"的指式。

③ 双手五指弯曲,指尖相对,从中间向两侧移动,仿椭圆状。

核桃

① 双手抱拳,象征果实的硬核。

② 一手拇指、食指捏成圆形。

青稞

① 一手打手指字母"Q"的指式,并从胸侧向下划。

② 左手食指直立微曲;右手拇指、食指相捏,从左手食指根部向斜上方移动两下,如麦芒状。

高粱

① 一手横伸,掌心向下,高举过头。

② 双手直立,五指微曲,掌心相合,如高粱穗形状。

葱

一手先打手指字母"C"的指式;双手拇指、食指再搭成小圆圈叠在一起,左手不动,右手向上移,如葱的外形。

三、生活用品类拓展词语

镜子
　　一手直立,掌心向内,在面前晃动几下,如照镜子的动作。

洗脸盆
　　① 一手在脸部转动,如洗脸状。
　　② 双手拇指、食指搭成大圆形,从下向上稍微移动,如盆的形状。

暖水瓶
　　① 双手横伸,掌心向上,由腹部慢慢移至胸部。
　　② 一手横伸,掌心向下,向身体一侧做波浪状移动。
　　③ 双手搭成圆形,从下至上做收拢的动作,模仿暖水瓶外形。

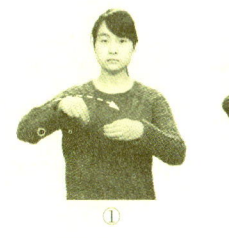 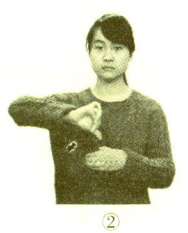

茶壶
　　① 左手五指虚握呈半圆形,虎口向上;右手拇、食、中指撮合,然后边朝左手半圆形移动边张开,如向杯中放茶叶状。
　　② 一手伸拇指、小指,小指弯曲,模仿用茶壶倒水状。

杯子
　　双手拇指、食指呈半圆形先叠在一起,左手不动,右手向上稍移,如一只杯子状。

剪刀

一手食指、中指分开,夹动几下,如用剪刀剪物动作。

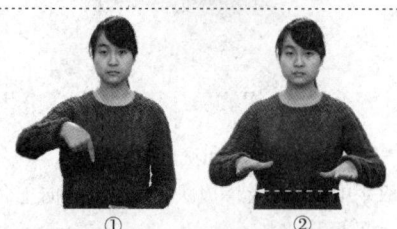

地毯

① 一手伸食指,指尖朝下指一下。
② 双手平伸,手背向上,向两侧移动。

伞

左手食指直立;右手五指张开,掌心向下抵于左手食指指尖,模仿伞状。

台灯

左手食指直立抵住右手腕部;右手五指先撮合,再朝下张开。

吹风机

一手拇指、食指呈"L"形,食指指尖在眉梢与耳朵之间来回移动,同时嘴做吹气状。

录像机

① 双手摆成"⊐"和"⊏"形;左手手指间距宽,在前;右手手指间距窄,在后;然后右手向左手方向来回移动两下。
② 双手五指弯曲,食指、中指、无名指、小指关节交错相触,并转动几下。

微波炉

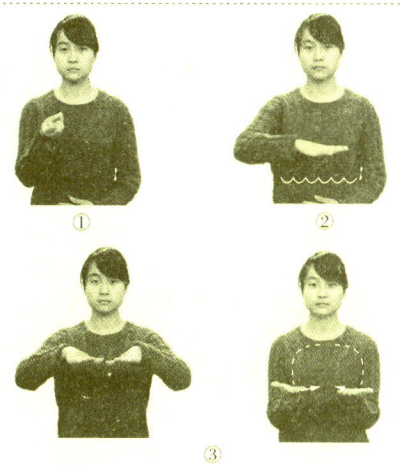

① 一手拇指、小指指尖相捏,并微微抖动几下。

② 一手横伸,掌心向下,向身体一侧做波纹状移动。

③ 双手平伸,手背向上,从下向上做"冂"形移动,模仿微波炉外形。

窗

双手并排直立,掌心向外,左手不动,右手左右移动两下,如推拉窗开合状。

门

双手五指并拢,掌心向外,并排直立,模拟两扇关着的门的形状。

工具

① 左手食指、中指与右手食指搭成"工"字形。

② 双手伸食指,指尖朝前,先互碰一下,然后分别向两侧移动,并张开五指。

油漆

① 一手打手指字母"Y"的指式,拇指朝下斜伸,并顺时针平行转一圈。

② 左手直立,掌心向右;右手五指并拢,指尖对着左手掌心上下移动几下,如刷油漆状。

颜料

① 一手直立,掌心向内,五指分开,指尖在嘴唇处交替点动几下。

② 双手伸食指,指尖朝前,先互碰一下,然后分别向两侧移动,并张开五指。

汽油
① 一手打手指字母"Q"的指式,指尖朝内置于鼻孔处。
② 一手打手指字母"Y"的指式,拇指朝下顺时针平行转一圈。

种类
① 一手拇指、食指、中指相捏,指尖朝下点动两下。
② 一手五指微曲张开,指尖朝上,边向下移动,边撮合五指。

防盗门
① 双手直立,掌心向外一推。
② 左手平伸,掌心向下,屈肘;右手五指张开置于左手臂下,然后边向内移动,边收拢五指。
③ 双手五指并拢,掌心向外,并排直立,模拟两扇关着的门的形状。

玻璃
一手直立,五指分开,掌心向内,腕部微微晃动几下,表示玻璃的闪光。

练习

用手语打出下列句子

1. 羽绒服的保暖性很好。
2. 中国最有代表性的传统服饰是旗袍。
3. 南方人的主食是米饭,北方人以面食为主食。
4. 柴、米、油、盐、酱、醋、茶是生活的必需品。
5. 吸烟有害健康。
6. 长时间戴耳机听歌对听力不好。

第二节 生活、工作、社会活动类拓展词语

一、生活类拓展词语

钥匙
左手拇指、食指捏成小圆圈;右手拇指、食指相捏,如执钥匙状,对准左手小圆圈转动一下。

欢聚
① 双手横伸,掌心向上,在胸前上下交替移动,面露笑容。
② 双手直立,五指微曲,掌心相对,从两侧向中间合拢。

定居
① 一手食指直立,向下挥动一下。
② 双手搭成"∧"形,向下移动一下。

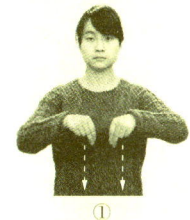 

订婚
① 双手拇指、食指、中指相捏,指尖朝下,同时向下一按,表示盖章、签约。
② 双手伸拇指,虎口朝上,指尖相对,弯曲一下。

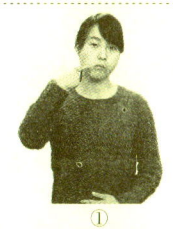 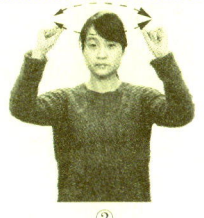

蜜月
① 一手食指指腮部,同时舌头顶住腮部,使腮部凸起,像嘴里含有一块糖。
② 双手拇指、食指张开,指尖相对,边从中间向两侧做弧形移动,边捏合双指。

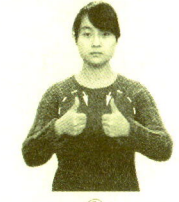 

婚姻
① 双手伸拇指,虎口朝上,指尖相对,弯曲一下。
② 双手拇指、食指捏成小圆圈,互相套住。

抚养

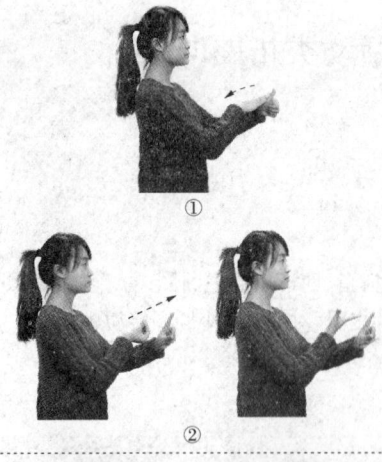

① 左手伸拇指；右手轻轻抚摸左手拇指指背，表示怜爱。

② 左手食指直立；右手五指撮合，掌心向上，边向左手食指移动边张开手指，表示喂养之意。

聊天

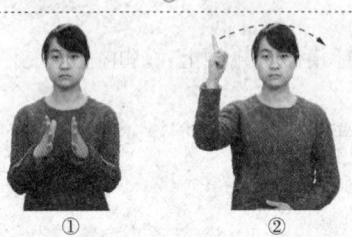

① 双手直立，掌心相对，前后交替动几下，象征打手势交谈。

② 右手伸食指，指尖朝右，然后向左侧做弧形移动至左肩前。

享受

① 一手五指张开，掌心向内，贴于胸部顺时针转动一下，面露微笑。

② 双手平伸，掌心向上，然后向后收回，并收拳。

玩笑

① 双手伸拇指、小指，顺时针平行交替转动几下。

② 一手拇指、食指张开，指尖抵于下颏，面露笑容。

淋浴

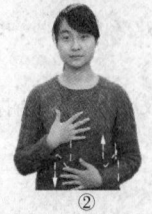

① 一手横伸，五指弯曲，在头顶上点动几下，如喷头淋水状。

② 双手五指分开，掌心贴于胸部，上下交替擦动，如洗澡动作。

烹饪

① 左手横伸,手背拱起;右手侧立,靠近左手指尖处做切菜动作。

② 一手五指微曲,上下铲动几下,如炒菜状。

理发

一手食指、中指分开置于头的一侧,然后做理发动作。(可根据实际情况模仿理发动作)

品尝

① 双手拇指、食指捏成圆形,左手在上不动,右手在下连打两次,仿"品"字形。

② 一手拇指、食指捏成圆形,在嘴前做吃东西状。

烤

左手横伸,掌心向下;右手五指弯曲,掌心向上,在左手掌心下,上下动几下。

二、工作类拓展词语

经历

① 左手食指向前伸出;右手横立于左手食指根部,然后向左手指尖方向移动。

② 左手拇指、食指呈"厂"形;右手伸食指在"厂"形内书空"力"字。

资格

① 一手打手指字母"Z"的指式。

② 双手五指分开,手背向外,交叉搭成格子,并向身体两侧斜下方微移。

经验

① 一手打手指字母"J"的指式。

② 一手伸食指点一下太阳穴处。

业余

① 左手食指、中指、无名指、小指直立并分开；右手食指横于左手四指根部，仿"业"字形。

② 左手横立，掌心向内；右手拍一下左手背然后向外移。

招收

① 一手掌心向下，向内挥动两下。

② 双手平伸，掌心向上，自外向内边移动，边握拳。

聘书

① 左手平伸；右手伸拇指、小指，小指指尖抵于左手掌心上，然后双手同时由外向内移动。

② 双手侧立，先掌心相合，然后打开。

休养

① 双手交叉贴于胸部。
② 左手食指直立；右手五指撮合，掌心向上，边向左手食指移动，边张开手指，表示喂养之意。

联系

双手拇指、食指捏成小圆圈，互相套住，同时左右微动。

辞职

① 右手五指呈"⊐"形，先置于左肩上，然后移出身体外，象征不再承担责任。
② 一手打手指字母"ZH"的指式。

权威

① 左手横伸，掌心向上；右手侧立，五指张开，边向左手掌心移动，边握拳。
② 双手伸出拇指，从胸前向上提起。

功绩

① 左手食指、中指与右手食指先搭成"工"字形，然后右手食指在左手旁书空"力"字，仿"功"字形。
② 一手打手指字母"J"的指式。

学术

① 双手斜伸，掌心向内，置于胸前。
② 双手斜伸，掌心向下，两手互拍手背。

经营
① 双手拇指、食指捏成圆圈,前后交替转动几下,象征货币流通,引申为经济。
② 双手侧立,掌心相对,同时向左侧一顿一顿地移动几下。

三、社会活动类拓展词语

采访
① 双手五指指尖朝下,一张一捏,上下交替动几下,如翻拣资料状。
② 一手伸拇指、小指在身前顺时针绕一圈。

会见(接见)
① 双手伸拇指、小指,指尖相对,从两侧向中间移动,表示两个人会见。
② 双手食指、中指微曲,指尖相对,从两侧向中间移动,表示双方目光相接。

补助
① 左手侧立;右手五指捏成圆形,虎口朝左贴向左手掌心。
② 双手斜伸,掌心向外,按动两下,表示给人帮助。

欢送
① 双手鼓掌。
② 双手平伸,掌心向上,向身体外移动,表示送客。

友谊
① 双手伸拇指互碰几下,表示友好。
② 双手握在一起。

约会
① 双手变换位置,互拍一下,表示双方约定。
② 双手伸拇指、小指,指尖相对,从两侧向中间移动,表示两个人会见。

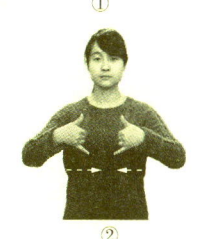

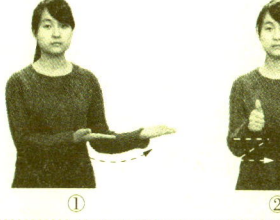

请客
① 双手平伸,掌心向上,往身体一侧移动一下。
② 双手伸拇指互碰几下,表示友好。

赞助(资助)
① 左手掌心向上横伸;右手拇指、食指捏成小圆圈在左手掌心,向前一伸,象征给钱。
② 双手斜伸,掌心向外,按动两下,表示给人帮助。

募捐
① 双手平伸,掌心向上;左手不动,右手边从右向左转半圈,边拇指、食指捏成小圆圈,并置于左手掌心上,象征募集钱物。
② 左手平伸,掌心向上,向前伸出。

便条
① 一手拇指、食指相捏,掌心向上,微动几下。
② 双手拇指、食指摆成"⌐ ⌐"形,然后由中间向身体两侧拉开少许距离。

① ②

得罪
① 一手打手指字母"D"的指式。
② 一手伸出小指,向下一划。

① ②

成见
① 左手掌心向上横伸;右手拍一下左手掌,然后伸出拇指。
② 双手食指、中指微曲,指尖相对,从两侧向中间移动,表示双方目光相接。

①

②

有限
① 一手伸拇指、食指,手背向下,拇指不动,食指弯曲两下。
② 左手掌心向上横伸;右手侧立,在左手掌上切一下。

① ②

默哀
一手伸拇指、小指,手背向下,置于胸前,同时低下头并保持表情严肃。

殡仪馆
① 左手伸拇指、小指,手背向下;右手食指先直立,然后对着左手弯动一下,表示向逝者告别。
② 双手搭成"∧"形。

用手语打出下列句子

1. 可以通过各省、各地民政部门组织的渠道对灾区进行捐助。
2. 一个富有修养的人,不论面对什么样身份的人,始终都彬彬有礼。
3. 聋人也要一生学习,跟上时代步伐。
4. 教师资格制度是国家实行的法定职业许可制度。
5. 人生最宝贵的是生命,人生最重要的是友谊。

第三节　事物的状态、性质、特点类拓展词语

① ②

动态
① 双手握拳，屈肘，在胸前前后交替转动几下。
② 双手拇指、食指呈"⌐⌐"形，置于脸颊两边，并交替上下动几下。

① ②

优势
① 一手伸出拇指，向上一挑。
② 双手五指微曲分开，掌心相对。同时向前转动一下。

① ②

规模
① 一手横立，由外向内一顿一顿地移动几下。
② 一手打手指字母"M"的指式，并在身前顺时针横向转一圈。

标志
左手食指直立；右手打手指字母"ZH"的指式，指尖对准左手食指。

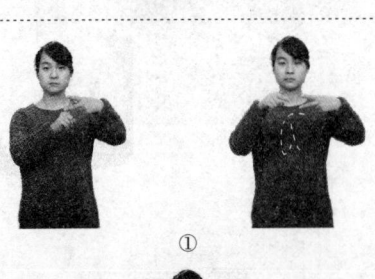

①

②

功能
① 左手食指、中指与右手食指搭成"工"字形；右手食指再在旁边书空"力"字，仿"功"字形。
② 一手握拳，屈肘，手向内弯曲一下。

系列
左手打手指字母"X"的指式；右手手背向外，食指、中指、无名指、小指横伸，在左手旁上下各划一下。

系统
左手打手指字母"X"的指式，保持不动；右手五指撮合，指尖朝下，从左手腕部边向下移动，边张开五指。

体系
① 一手贴于胸部并向下移。
② 左手打手指字母"X"的指式，保持不动；右手五指撮合，指尖朝下，从左手腕部往下移动并放开五指。

前途
① 一手伸食指，指向正前方。
② 双手侧立，掌心相对，两手同时向前移动。

部分
双手直立，五指微曲分开，掌心相对，然后左手不动，右手边向右侧移动边撮合五指，表示整体中的一部分。

目标
① 右手伸食指，先指向右眼。
② 左手食指直立，右手伸食指指向左手食指。

意义
右手食指横伸，从身体左侧向右侧移动一下。
（"一"与"意""义"同音）

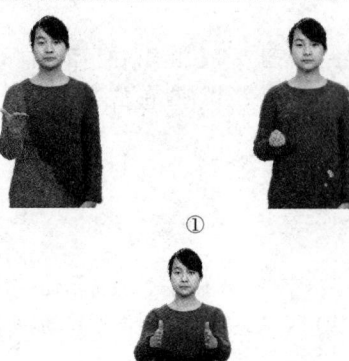

用途
① 一手平伸,掌心向上,边向后移动边收拢五指。
② 双手侧立,掌心相对,并同时向前移动。

 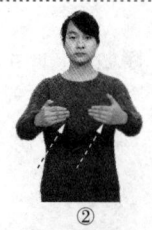

公益
① 双手拇指、食指搭成"公"字形。
② 双手五指弯曲,指尖相对,由外向内收回。

 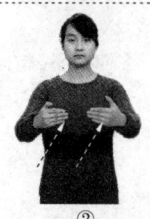

利益
① 一手打手指字母"L"的指式。
② 同"公益"手势②。

成效(成功)
左手掌心向上横伸;右手掌先拍一下左手掌,再伸出拇指。

有效
① 一手伸拇指、食指,掌心向上,然后食指向内弯动两下。
② 左手横伸;右手掌先拍一下左手掌,再伸出拇指。

体现
① 一手贴于胸部并向下移。
② 双手直立,掌心向内,左手不动,右手向内移动一下。

程度

左手食指直立；右手食指横伸，置于左手食指上，并上下动几下。

象征

① 一手食指、中指并拢直立，掌心向外，碰一下面部。
② 双手平伸，掌心向上，从两侧向中间移动，并互碰一下。

根源

① 左手握拳，掌心向下；右手握住左手腕。
② 一手横伸，掌心向下，五指分开，然后向身体一侧做波浪状移动。

开创

① 双手并排直立，掌心向外，然后向内转动90度，变成掌心相对。
② 一手握拳，虎口贴于太阳穴处，然后手边向前移动，边张开五指。

构成

① 双手横立，五指分开，指尖斜向交叉。
② 左手掌心向上横伸；右手掌先拍一下左手掌，再伸出拇指。

贯彻

① 左手横立，五指分开；右手伸食指，从左手拇指依次划过左手各手指，表示从上到下之意。
② 双手握拳，两拳一上一下，右拳向下砸一下左拳。

超越
① 双手食指直立,左手不动,右手向上移一下。
② 左手横立;右手食指、中指叉开,从左手上越过。

更新
① 一手食指、中指直立并分开,由掌心向外翻转为掌心向内。
② 左手横伸;右手伸拇指,从左手背上向外划动。

普及
① 双手平伸,掌心向下,从身体中间向身体两侧做弧形移动,同时张开五指。
② 一手打手指字母"J"的指式。

流行
① 一手横伸,掌心向下,五指分开,然后向身体一侧做波浪状移动。
② 同"普及"手势①。

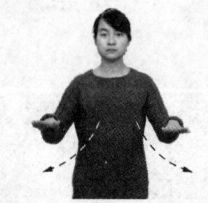

广泛(普遍)
双手平伸,掌心向下,从身体中间向身体两侧做弧形移动,同时张开五指。

发扬(弘扬)
① 双手五指撮合,指尖相对,虎口朝上,然后同时向前张开五指。
② 双手平伸,掌心向上靠在一起,然后向两侧平行移动。

产生

① 左手呈半圆形，虎口朝上；右手五指撮合，指尖朝上，边从左手虎口内伸出边放开五指。

② 一手打手指字母"SH"的指式。

健全

① 双拳掌心向内贴于胸部，然后边向下一顿，边伸出拇指。

② 双手五指微曲，手背向上，然后向下做弧形移动，手腕靠拢。

茂盛

双手五指微曲，掌心向上，边向身体两侧斜上方移动，边放开五指，象征万物生长茂盛。

热烈

双手五指微曲，掌心向上，在胸前上下交替移动几下，动作要快，幅度要大。

分歧

双手食指横伸，指尖相对，然后上下交替动几下，表示意见不一致。

搭配

① 伸出双手食指，右手食指轻轻搭在左手食指上。

② 双手横立，掌心向内，张开五指，由身体两侧向中间移动并相互交叉夹住。

充满

① 左手呈半圆形，虎口朝上；右手五指撮合，指尖朝下，由上至下做弧形移动投入左手虎口。

② 一手横伸，掌心向下，从腹部向颈部移动。

促进

① 左手直立；右手伸食指，指尖对着左手食指点几下。

② 一手拇指、食指相捏，边向前伸出边张开两指。

改善

一手食指、中指直立并分开，掌心向外，然后边转动手腕边伸出拇指收回食指与中指。

恢复

双手五指并拢（指尖朝前），先歪倒向身体一侧，然后扶正，掌心相对。

民主

① 双手食指搭成"人"字形，顺时针横向转动一圈。

② 一手伸出拇指，置于胸部。

自由

一手食指直立，在胸前左右摆动几下，表示不受管束、自由自在的意思。

解散

双手五指微曲，指尖朝上，靠在一起，然后边向下移动边张开五指。

克服

左手伸小指,指尖朝上;右手直立,掌心向左,然后将左手小指压倒。

和睦

① ②

① 双手直立,五指微曲,掌心相对,从身体两侧向中间合拢。
② 双手掌心相贴,手指互握。

吉祥

①

②

① 一手食指尖在眉间点一下,面带微笑。
② 一手食指绕脸部转一圈,然后食指缩回,拇指伸出。

可怜

①

②

① 一手直立,掌心向外,食指、中指、无名指、小指弯曲一下。
② 右手握拳贴于胸口,然后右手平伸,掌心向上。

主动

① ②

① 一手伸拇指置于胸部。
② 双手握拳,屈肘,在胸前前后交替转动几下。

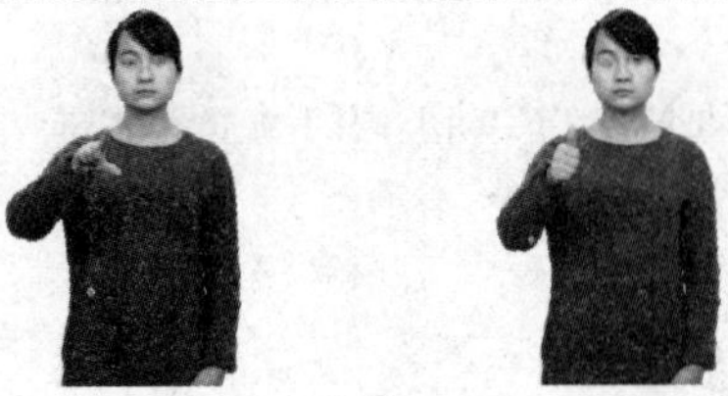
①

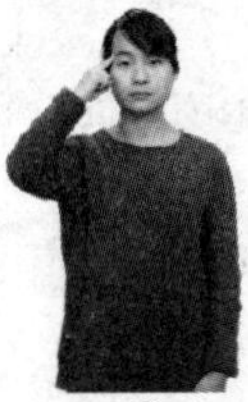
②

熟悉

① 一手伸拇指、食指,食指指尖朝上,然后食指缩回,拇指指尖朝上,表示逐渐变好之意。

② 一手食指点一下太阳穴。

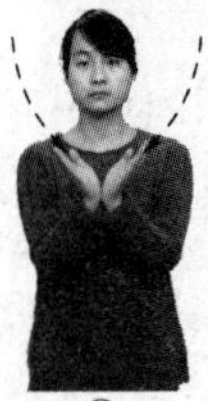
①

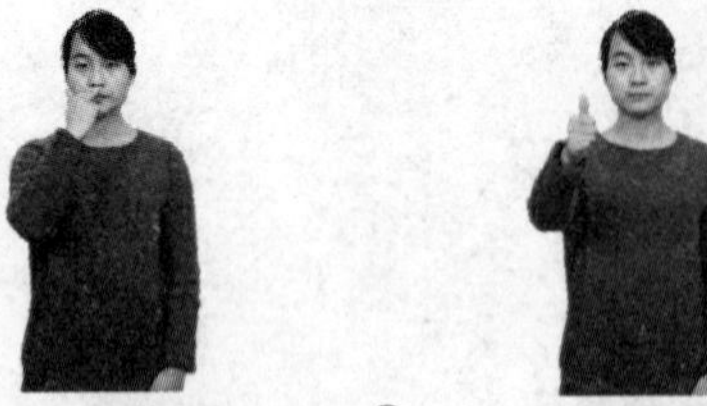
②

完美(完善)

① 双手五指微曲,手背向上,然后向下做弧形移动,手腕靠拢。

② 一手伸拇指、食指、中指;食指、中指并拢先置于鼻部,然后边向外移动边缩回这两指,同时伸出拇指。

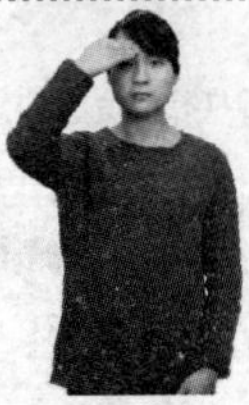
①

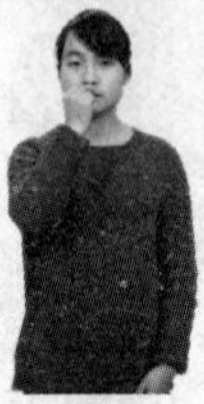
②

运气

① 一手在额头上拍两下。

② 一手打手指字母“Q”的指式,指尖朝内,置于鼻孔处。

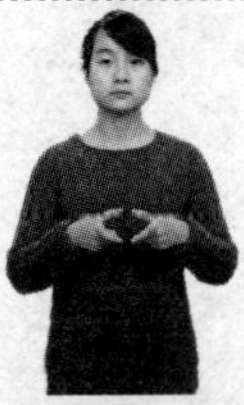
①

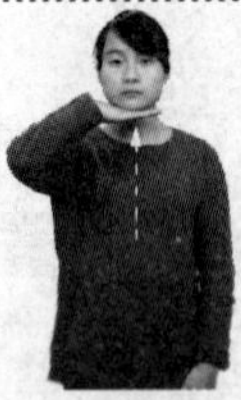
②

圆满

① 双手拇指、食指搭成圆形,虎口朝外。

② 一手横伸,掌心向下,从腹部向颏部移动。

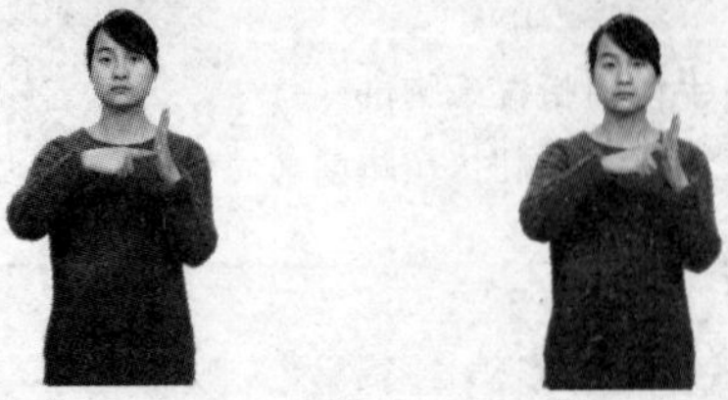

挫折

左手直立,掌心向右;右手食指横伸,碰一下左手掌,然后弯曲。

倒霉

① 左手掌心向上横伸；右手伸出拇指、小指，小指指尖抵于左手掌心上，然后边转腕边变成小指尖朝上。

② 一手拍一下前额，然后伸出小指。

奢侈

① 双手拇指、食指捏成小圆圈，在腰部向外挥动，表示花钱无度。

② 左手横伸；右手伸拇指、小指，手背贴于左手掌，然后双手左右摇动，面露悠闲神态。

豪华

① 双手伸出拇指，在胸前向上一挑。

② 一手五指撮合，指尖朝上，然后张开。

疏远

双手伸拇指、小指，指尖相对，然后从中间向两侧分开。

通顺

① 双手食指横伸,指尖相对,从两侧向中间交错移动。

② 右手侧立,掌心向内,边向左转腕边伸出拇指。

约束

左手伸拇指、小指;右手拇指、食指捏成小圆圈套在左手拇指上并转动一下。

禁止

左手横伸,掌心向上;右手侧立,在左手掌心上切一下。

耽误

左手侧立;右手伸出五指,拇指尖抵于左手掌心,其他四指并拢向下转动。

避免

双手直立,掌心向外一推。

巩固

一手握紧另一手拇指,并向下一顿。

密切
① 双手直立,掌心向内,十指并拢靠在一起。
② 双手拇指、食指相互套住。

魅力
① 左手伸拇指;右手五指张开对着左手拇指,然后向后移动并撮合五指。
② 一手握拳,屈肘,手向内用力弯动一下。

隐患
① 左手平伸,掌心向下;右手伸拇指、小指,从外向内移入左手掌心下,同时拇指、小指弯曲。
② 左手平伸,掌心向上;右手五指并拢,食指、中指、无名指指尖按于左手脉门处,如中医号脉状。

失踪
① 一手虚握;由前向后一甩,并放开五指。
② 双手食指、中指指尖朝下叉开,同时交替向前移动,然后掌心向上一摊,表示行走的踪迹没有了。

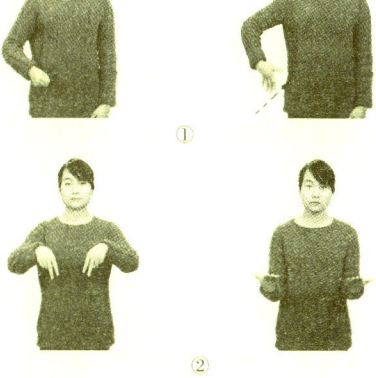

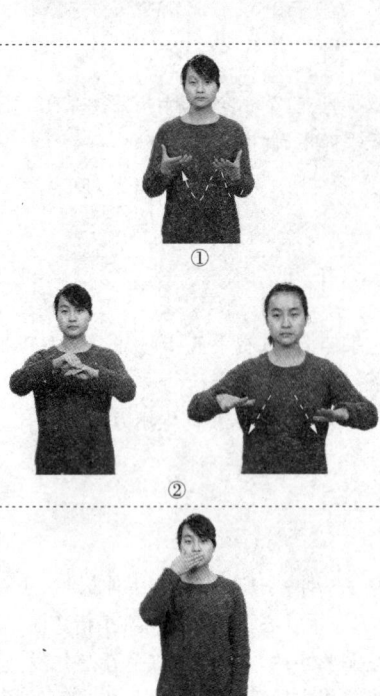

销毁
① 双手五指微曲,指尖朝上,上下交替动几下,如火苗跳动状。
② 双手五指撮合,指尖相对,掌心向下,然后向外放开五指。

默契
① 一手五指并拢,贴于嘴部。
② 双手横立,食指、中指、无名指、小指先相互交叉,然后边向下微转,边伸出拇指。

基本
① 左手握拳,手背向上;右手握住左手腕部。
② 一手打手指语字母"B"的指式。

准确
① 左手食指直立;右手侧立,指尖对准左手食指。
② 一手伸拇指,手用力向前一倾。

保留
双手横伸,掌心向下,右手轻拍一下左手背并向下一按。

反常

① 右手横伸,掌心向下翻转为掌心向上,象征着"反"。

② 右手食指、中指并拢贴于太阳穴处,表示"常常"。

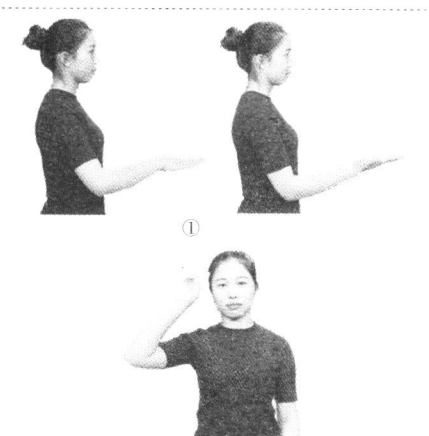

属于

① 左手侧立,五指张开、微曲;右手五指撮合,移向左手掌心。

② 左手食指、中指横伸;右手食指从左手食指、中指中间书空"⌡"形,仿"于"字。

特征

① 左手横伸,手背向上;右手手背向外,食指直立,从左手小指边沿向上伸出。

② 双手拇指、食指搭成"凵 凵"形置于脸颊两侧,然后两手上下交替动几下。

伟大

① 双手伸出拇指,同时向上一提。

② 双手侧立,掌心相对,同时向两侧移动,幅度要大些。(可根据实际情况调整移动幅度)

光荣

一手虚握,虎口先贴于脸颊,然后向外移动,并放开五指。

真实

① 左手食指横伸;右手伸食指,指尖朝前自上而下敲一下左手食指。

② 左手食指横伸;右手食指、中指相叠,自上而下敲一下左手食指。

灿烂

双手五指撮合,掌心相对,然后边抖动边分别向两侧上方移动,并放开五指。

周到

① 一手打手指字母"ZH"的指式,并顺时针横向转一圈。
② 一手伸拇指、小指,由后向前做弧形移动,并向下一顿。

唯一

右手先打手指字母"W"的指式,然后边向内转动手腕,边收回中指和无名指。

严肃

① 一手食指绕脸划一圈,面露严肃表情。
② 双手侧立,掌心相对,向下一顿。

活泼

一手食指直立,边转动边向上移动。

进步

一手拇指、食指相捏,边向前伸出边张开两指。

先进
① 左手伸拇指；右手伸食指碰一下左手拇指尖。
② 同"进步"手势。

极端
① 一手食指横伸，拇指尖抵于食指根部，手同时向下一顿。
② 左手食指直立；右手拇指、食指捏住左手食指指尖。

核心
① 双手抱拳，象征果实的硬核。
② 双手拇指、食指搭成"心"形，置于胸前。

要害
① 一手平伸，掌心向上，由外向内移动一下。
② 一手伸食指指向喉部。

卓越
左手直立，掌心向右，五指分开；右手伸拇指，向上一挑，象征超群。

正规
① 双手直立，掌心相对，向前一顿。
② 一手横立，由外向内一顿一顿地移动几下。

秘密

一手食指、中指相叠置于嘴部,嘴唇闭紧。

落后

双手伸出拇指、小指,先并排靠拢,然后左手在前不动,右手向后拉动一下。

坚强

① 右手食指指尖顶于脸颊部,面露坚定表情。
② 双手握拳,屈肘,同时向下一顿。

关键

① 双手拇指、食指互相套住。
② 一手打手指字母"J"的指式。

干枯

① 左手食指、中指与右手食指搭成"干"字形。
② 双手手腕相贴,掌心向上,手指先张开,然后收拢,表示花已萎缩。

通俗

① 双手食指横伸,由身体两侧向中间交替移动。
② 一手五指撮合,指尖在前额按一下,再向下移,并张开五指。

单纯
① 一手食指直立,贴于胸前,再向上微微移动,表示"单个"。
② 一手打手指字母"CH"的指式。

残酷
① 一手打手指字母"C"的指式。
② 一手伸拇指、小指,拇指尖抵于胸部,然后向下划动。

活该
一手横伸,手背碰下颏几下,面露幸灾乐祸的神态。

杰出
左手横伸,掌心向下;右手拇指从左手食指、中指指缝中伸出。

出色
① 同"杰出"手势。
② 一手五指分开,掌心向内,在嘴唇处交替点动几下。

著名
一手伸拇指、食指,食指指尖抵于耳部,然后边向外移动边缩回食指,同时伸出拇指。

严重
① 一手食指绕脸部划一圈,面露严肃的表情。
② 双手平伸,掌心向上,同时朝下一顿。

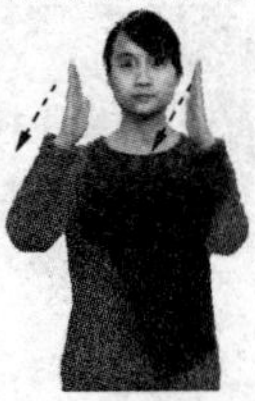
①
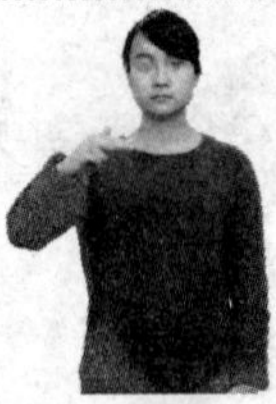
②

正式

① 双手直立,掌心相对,向前一顿。

② 一手打手指字母“SH”的指式。

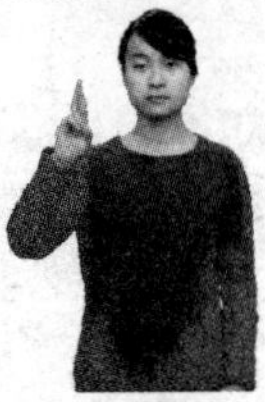
①
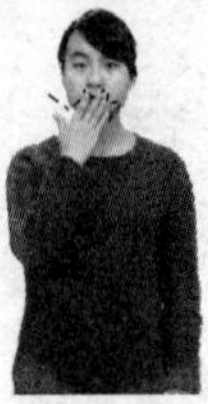
②

鲜艳

① 一手打手指字母“X”的指式。

② 一手五指分开,掌心向内,在嘴唇处交替点动几下。

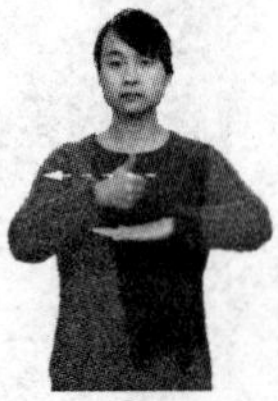
①
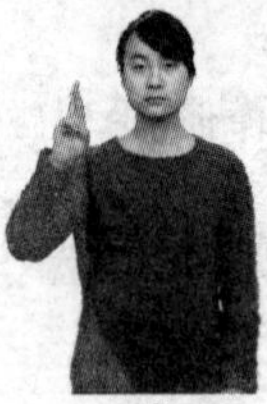
②

新鲜

① 左手横伸,掌心向下;右手伸出拇指,从左手手背上向身体外划动。

② 一手打手指字母“X”的指式。

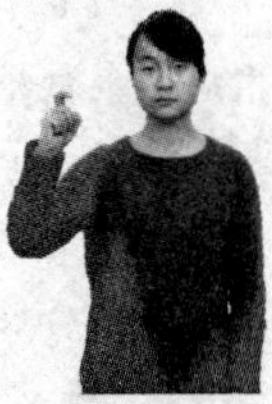
①
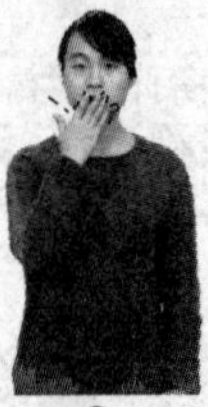
②

精彩

① 一手打手指字母“J”的指式。

② 同“鲜艳”手势②。

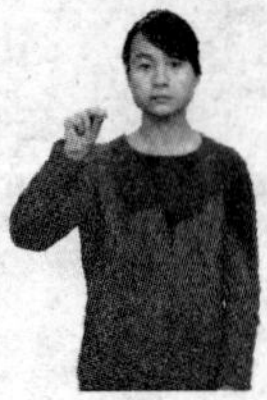
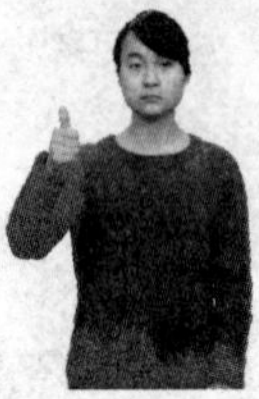
①
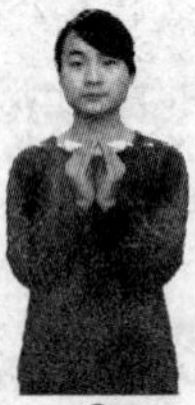
②

巧合

① 一手先打手指字母“Q”的指式,然后伸出拇指。

② 双手直立,五指微曲,指尖朝上,由两侧向中间合拢。

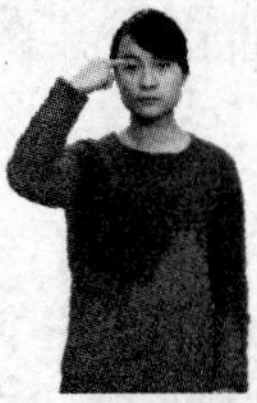
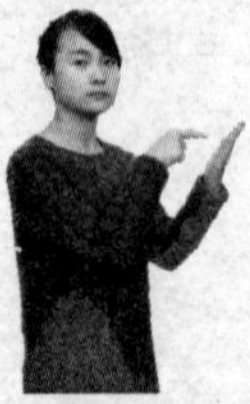

目的

左手斜伸,掌心向内;右手伸食指,先指一下右眼,再向左手掌心点去。

优良
① 一手伸拇指,向上一挑。
② 左手伸拇指、食指,食指指尖朝右,右手伸食指敲一下左手食指指尖。

次要
① 同"优良"手势②。
② 一手平伸,掌心向上,由外向内移动一下。

深刻
① 左手横伸,掌心向下;右手食指指尖朝下,从左手拇指旁边向下伸。
② 左手握拳,虎口朝上;右手食指、中指并拢,指尖朝下,在左手虎口上划动一下。

小康
① 一手拇指、小指指尖相捏。
② 双手五指分开,掌心向下,拇指尖抵于胸部,其他四指微动几下。

练习

用手语打出下列句子

1. 特殊教育的最主要目标是培养特殊学生的社会适应能力。
2. 大学生社会公益实践是服务社会群体的一种方式,也是大学生观察和研究社会的途径。
3. 创新是一个民族的灵魂,是一个国家兴旺发达的不竭动力。
4. 过去和未来都离自己很远,关键是把握现在。
5. 一帆风顺的人,往往经受不住挫折和打击。
6. 残联部门有组织地开展了大规模抢救性康复工作。

第四节　民族、宗教、历史类拓展词语

一、民族类拓展词语

民族
① 双手食指搭成"人"字形,并顺时针转一圈。
② 一手五指分开,指尖朝上,然后撮合,表示一个组合的单位。

少数民族
① 一手拇指尖弹一下食指尖。
② 一手直立,掌心向内,五指分开并交替抖动几下。
③ 双手食指搭成"人"字形,并顺时针转一圈。
④ 一手五指分开,指尖朝上,然后撮合,表示一个组合的单位。

汉族
① 一手打手指字母"H"的指式。
② 同"民族"手势②。

满族
① 一手横伸,掌心向下,自腹部移至颏下处。
② 同"民族"手势②。

土家族

① 一手拇指、食指、中指指尖朝下互捻几下。
② 双手搭成"∧"形。
③ 一手五指分开,指尖朝上,然后撮合,表示一个组合的单位。

蒙古族

① 一手拇指、食指、中指指尖相捏,沿头顶部转一圈,然后在头右侧指尖朝下放开五指,仿蒙古族人以头巾缠头动作。
② 同"土家族"手势③。

苗族

① 左手横伸,掌心向下,五指分开;右手食指、中指、无名指、小指从左手指缝中微微伸出。
② 同"土家族"手势③。

维吾尔族

① 一手打手指字母"W"的指式。
② 一手打手指字母"U"的指式。
③ 一手打手指字母"E"的指式。
④ 同"土家族"手势③。

藏族

① 一手打手指字母"Z"的指式。
② 同"土家族"手势③。

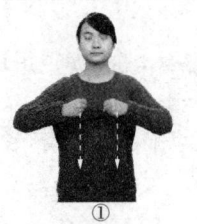 

壮族

① 双手握拳，屈肘，同时向下一顿。

② 一手五指分开，指尖朝上，然后撮合，表示一个组合的单位。

回族

① 一手打手指字母"H"和"I"的指式。

② 同"壮族"手势②。

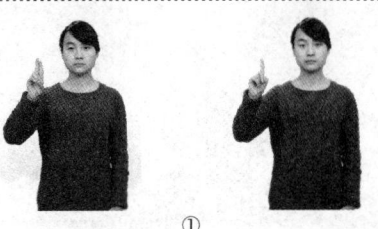

羌族

① 一手打手指字母"Q"的指式。

② 同"壮族"手势②。

二、宗教、历史类拓展词语

宗教

① 左手食指直立；右手五指微曲，指尖朝上，绕左手食指转一圈。

② 双手合十置于胸前，低头，做祈祷的动作。

庙宇

① 左手直立置于胸前，右手做敲木鱼状。

② 双手搭成"∧"形。

基督教（天主教）
右手拇指、食指、中指撮合，先从眉间至胸前、再从左肩至右肩划"十"字。

上帝
① 一手食指向上指。
② 双手合十置于胸前，低头，模仿信仰宗教的人做祈祷的动作。

主教
① 一手伸拇指贴于胸部。
② 双手食指伸出，在胸前搭成十字架形状。

神甫（神父）
① 双手合十置于胸前，目光前视。
② 一手伸拇指，拇指左侧贴于嘴唇。

教徒
① 双手合十置于胸前，低头做祈祷的动作。
② 左手伸拇指，右手伸小指靠在左手拇指指背上。

忏悔
① 右手拇指、食指、中指撮合，先从眉间至胸前、再从左肩至右肩划"十"字。
② 右手伸出小指，指尖朝前额点一下。

祈祷
　　双手合十置于胸前,低头做祈祷的动作。

算命
　　① 双手直立,手背向外,五指分开,双手手指边交替抖动边互碰双手。
　　② 右手掌贴于左胸部。

保佑
　　① 双手斜伸,掌心向外,同时按动一下。
　　② 双手合十置于胸前,低头,模仿信仰宗教的人做祈祷的动作。

教堂
　　① 右手拇指、食指、中指撮合,先从眉间至胸前、再从左肩至右肩划"十"字。
　　② 双手搭成"∧"形。

天堂
　　① 一手食指直立,转动一圈。
　　② 双手搭成"∧"形。

地狱
　　① 一手食指向下一指。
　　② 双手五指分开,两手一上一下,指尖相对一碰,如监狱铁门状。

菩萨
① 一手打手指字母"P"的指式。
② 双手合十置于胸前，低头做祈祷的动作。

尼姑
① 一手伸拇指、食指捏住耳垂。
② 左手直立置于胸前，右手做敲木鱼状。

割据
① 一手五指并拢，指尖朝下，然后朝横向纵向各划一下。
② 左手掌心向上横伸；右手五指弯曲张开，边向左手掌心移动边握拳。

兼并
① 左手掌心向上横伸；右手五指弯曲张开，边向左手掌心移动，边握拳。
② 左手食指、中指直立并分开，手背向外；右手拇指、食指将左手食指、中指捏拢。

考古
① 左手掌心向上横伸；右手伸拇指、食指、中指，食指、中指并拢，指尖在左手掌心上转两下。
② 双手拇指、食指搭成"古"字形。

古迹
① 双手拇指、食指搭成"古"字形。
② 一手食指指尖朝下划一大圈。

文物

① 一手食指书空"文"字。

② 双手伸食指,指尖朝前,先互碰一下,再分开并张开五指。

化石

① 一手打手指字母"H"的指式,并横向微移一下。

② 左手握拳,手背向上;右手食指、中指弯曲,用指背骨节在左手背上敲两下。

遗址

① 左手横立,五指分开;右手拇指、食指、中指相捏,从左手拇指起依次下移。

② 一手食指指尖朝下划一个大圈。

炎黄

① 一手打手指字母"Y"的指式。

② 一手打手指字母"H"的指式,并摸一下脸颊。

封建

双手食指、中指并拢,交叉相搭于前额,然后同时向身体两侧斜下方移动。

宝塔

双手伸出拇指、食指、小指,手背向上横叠在一起;左手在下不动,右手在上并一顿一顿地向上移动,表示多层的宝塔。

 	**古代** ① 双手拇指、食指搭成"古"字形。 ② 双手食指直立,然后左右交叉互换位置。	

近代
① 双手拇指、食指相捏,虎口朝上,相互靠近。
② 同"古代"手势②。

现代
① 一手横伸,掌心向上,置于腰部,上下掂动两下。
② 同"古代"手势②。

变法
① 一手食指、中指分开直立,然后由掌心向外翻转为掌心向内。
② 一手打手指字母"F"的指式并向下移动一下。

宫殿
① 双手搭成"∧"形,然后左右分开并伸出拇指、小指,指尖朝上,如屋檐形。
② 双手搭成"∧"形。

练习

用手语打出下列句子

1. 汉族是中国人口最多、地域分布最广的民族。
2. 基督教、佛教与伊斯兰教并称为世界三大宗教。
3. 《宪法》规定我国公民有宗教信仰自由。
4. 我国少数民族主要集中在西南、西北和东北的边疆地区。
5. 宗教是人类社会发展到一定历史阶段出现的文化现象。
6. 蒙古族主要分布在内蒙古自治区,其余分布在新疆维吾尔自治区、青海、甘肃、辽宁、吉林、黑龙江等省份。

第五节 政治、法律类拓展词语

国家
① 一手打手指字母"G"的指式,并顺时针平行转一圈。
② 双手搭成"∧"形。

祖国
① 一手食指直立,置于胸部。
② 一手打手指字母"G"的指式,并顺时针横向转一圈。

国旗
① 同"祖国"手势②。
② 左手食指直立;右手侧立,腕部抵于左手食指指尖,右手五指左右摆动几下,如旗帜飘扬状。

国歌
① 同"祖国"手势②。
② 一手食指指尖抵于喉部,口微张,如唱歌状。

政府
① 一手打手指字母"ZH"的指式。
② 双手搭成"∧"形。

首都
① 一手打手指字母"SH"的指式,并顺时针横向转一圈。
② 左手横伸,掌心向上;右手伸出拇指置于左手掌心上。

国务院
① 一手打手指字母"G"的指式，并顺时针横向转一圈。
② 右手掌拍一下左肩部。
③ 双手搭成"∧"形。

单位
一手五指先张开后并拢，指尖朝上，同时向身体一侧一顿一顿地移动。

办公室
① 双手横伸，掌心向下，两手互拍手背。
② 双手拇指、食指搭成"公"字形。
③ 双手搭成"∧"形。

社会主义
① 左手五指撮合，指尖朝上；右手食指指尖朝下绕左手转一圈。
② 一手伸拇指置于胸前。
③ 一手食指横伸。

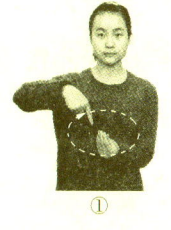

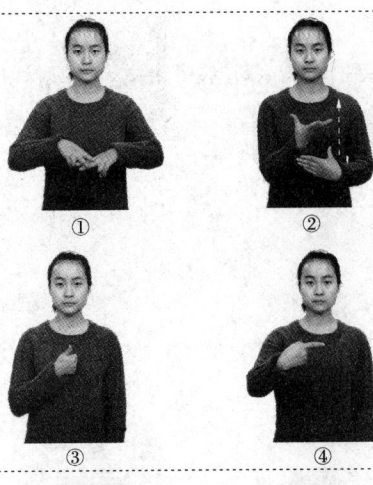

共产主义
① 双手食指、中指搭成"共"字形。
② 左手呈半圆形,虎口朝上;右手五指撮合,指尖朝上,边从左手虎口内伸出便放开五指。
③ 一手伸拇指置于胸前。
④ 一手食指横伸。

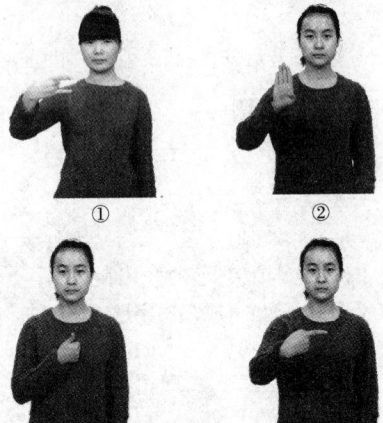

资本主义
① 一手打手指字母"Z"的指式。
② 一手打手指字母"B"的指式。
③ 同"共产主义"手势③。
④ 同"共产主义"手势④。

共产党
双手食指、中指搭成"共"字形,右手手指向下碰三下左手手指。(专用于表示共产党名称的手势)

中央
① 左手拇指、食指与右手食指搭成"中"字形。
② 左手横伸,掌心向上;右手伸出拇指置于左手掌心上。

地方
① 一手伸食指向下指一下。
② 双手拇指、食指搭成"口"字形。

委员会

① 右手掌拍一下左肩部。
② 右手拇指、食指捏成圆形贴于左胸部。
③ 双手直立,五指微曲,掌心相对,从两侧向中间合拢。

支部

① 一手打手指字母"ZH"的指式。
② 一手打手指字母"B"的指式。

工会

① 左手食指、中指与右手食指搭成"工"字形。
② 双手直立,五指微曲,掌心相对,从两侧向中间合拢。

共青团

① 双手食指、中指搭成"共"字形。
② 一手手掌摸两下下颏。
③ 双手横伸,五指弯曲,相互勾住。

少先队

① 一手拇指、食指先叉开,自领口边向胸部边移动边捏合两指,如红领巾形状。
② 双手直立,五指分开,两手一前一后排成一列。

集体

① 双手直立,五指微曲,从身体两侧向中间移动。

② 一手贴于胸部,然后向下移动。

集团

① 同"集体"手势①。

② 双手横伸,五指弯曲,相互勾住。

组织

一手五指先张开后合拢,指尖朝上,并转动一周。

协会

① 双手食指互相勾住。

② 同"集体"手势①。

联合会

① 双手拇指、食指互相套住,并顺时针横向转一圈。

② 同"集体"手势①。

基金会

① 左手握拳,手背向上;右手握住左手腕部。

② 一手拇指、食指相捏成圆形,手微微晃动几下。

③ 同"集体"手势①。

政治

一手连续打两次手指字母"ZH"的指式。

权力

① 左手横伸,掌心向上;右手侧立,五指微曲,边向左做弧形移动边握拳。

② 一手握拳,屈肘,手臂向内用力挥动一下。

① ②

权利

① 同"权力"手势①。

② 一手打手指字母"L"的指式。

① ②

主权

① 一手伸出拇指,贴于胸部。

② 同"权力"手势①。

① ②

权限

① 同"权力"手势①。

② 左手横伸,掌心向上;右手侧立,在左手掌心上向下切一下。

① ②

执政

① 同"权力"手势①。

② 一手打手指字母"ZH"的指式。

① ②

原则

① 一手拇指、食指捏成圆形,虎口朝上。

② 右手直立,掌心朝左,并向左侧一顿一顿地移几下。

① ②

宗旨
① 左手食指直立；右手五指微曲，指尖朝上，绕左手食指转一圈。
② 左手食指直立；右手食指先指眼部，然后朝前指向左手食指。

义务
① 一手食指书空"义"字形。
② 右手拍一下左肩部。

方针
① 双手拇指、食指搭成"口"字形。
② 左手掌心向上平伸；右手置于左手掌心上，右手食指指尖朝前并左右转动两下，如指针指示方向。

纲领
① 左手掌心向上横伸；右手先握拳置于左手掌心上方，然后依次横伸食指、中指、无名指、小指。
② 左手伸拇指，在前；右手五指分开，掌心向下，在后；然后双手同时向前移动。

主张
① 一手伸出拇指，贴于胸部。
② 一手食指直立，先置于口部，然后向外划出。

标语
① 双手拇指、食指张开，指尖相对，做斜向拉动。
② 一手食指横伸，在唇部前转动几下。

廉政
① 一手打手指字母"L"的指式。
② 一手打手指字母"ZH"的指式。

政策

① 一手打手指字母"ZH"的指式。

② 右手先握拳,然后依次伸出食指、中指、无名指、小指。

计划(设计)

① 一手食指指尖指向太阳穴处,并转动两下。

② 左手横伸,掌心向下;右手五指并拢,沿左手小指边缘划一下。

作风

① 双手握拳,两拳一上一下,右拳向下砸一下左拳。

② 右手直立,掌心向右,左右来回扇动几下。

斗争

双手食指、中指弯曲,手背向上,两手指节互碰几下。

奋斗

① 一手握拳,然后向上一举。

② 同"斗争"手势。

号召

① 一手五指微曲,虎口贴于口部。

② 一手平伸,掌心向下,向内挥动两下,如招手状。

抵制

左手伸食指,指尖朝内;右手直立,掌心抵住左手食指指尖,并用力向前推。

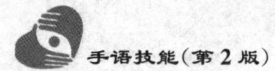

改革

①
②

① 一手食指、中指分开直立,然后由掌心向外翻转为掌心向内。

② 一手握拳,然后向上一举。

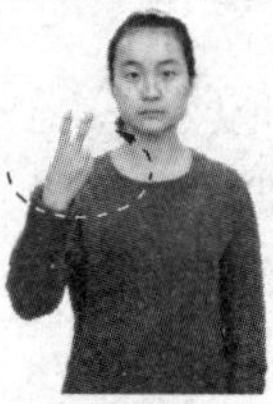

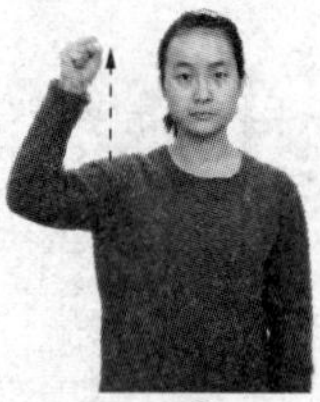

自立

①
②

① 一手食指直立,贴于胸部。

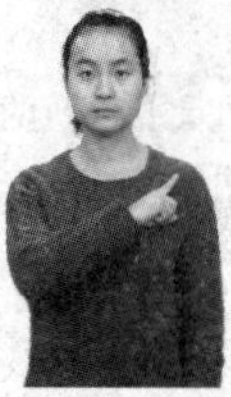

② 左手横伸;右手食指、中指分开,指尖朝下立于左手掌心上。

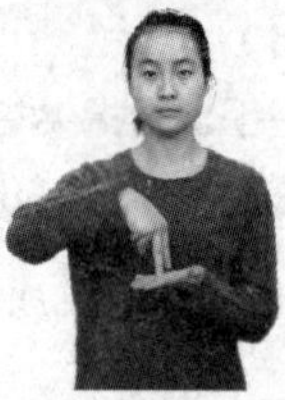

保护(保障)

①
②

① 双手斜伸,掌心向外,然后同时向下按动一下。

② 左手伸出拇指;右手侧立,五指微曲,绕左手半圈。

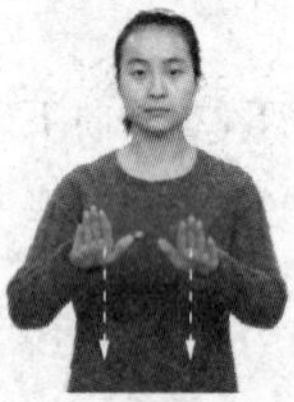

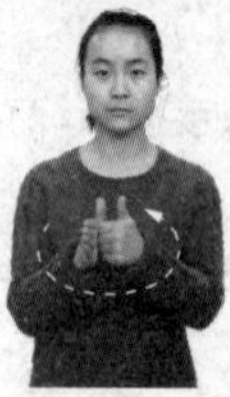

保证

①
②

① 同"保护"手势①。

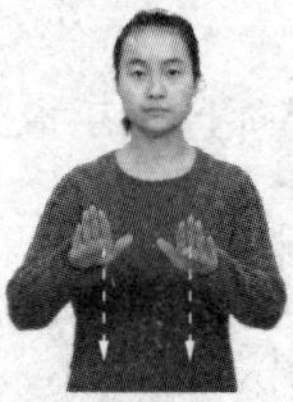

② 左手掌心向上横伸;右手五指撮合,指尖朝下按于左手掌心。

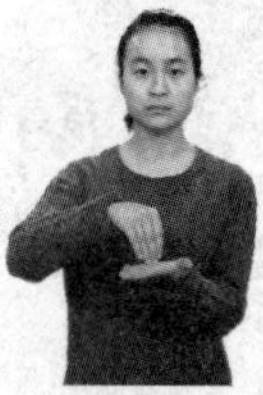

是非

①
②

① 一手食指、中指相叠,向前下方挥动一下。

② 左手食指、中指直立分开,手背向内;右手中指、无名指、小指横伸,在左手食指、中指两侧各划一下,仿"非"字形。

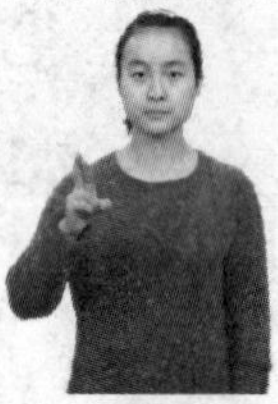

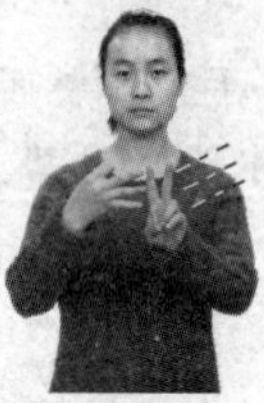

破坏

①
②

① 双手拇指、食指相捏,指尖相对,然后向上做掰开状。

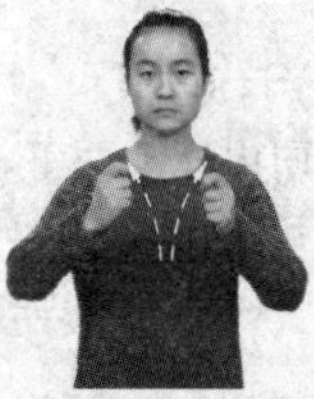

② 一手伸小指。

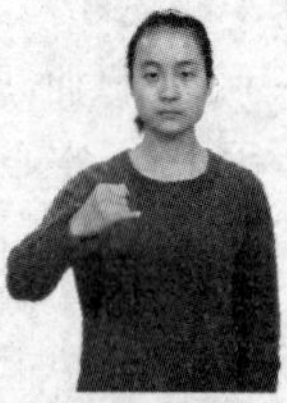

争夺(掠夺)

双手五指微曲,指尖相对,然后交替向下做抓物状,象征双方争夺财富。

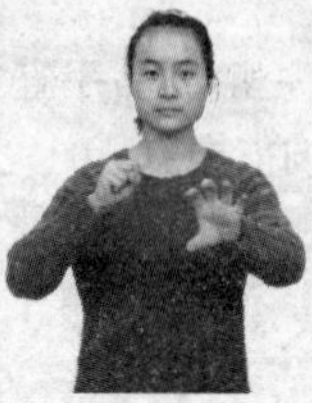

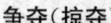

殖民

① 左手握拳,屈肘;右手掌在左臂肘部摸一下。

② 双手食指搭成"人"字形,并顺时针转动一圈。

阴谋

左手横伸,掌心向下;右手伸小指,指尖朝上,在左手掌心下转动两下,象征在隐蔽处策划坏事。

管理

① 右手拍一下左肩部。

② 双手侧立,掌心相对,然后一顿一顿地向左侧移动几下。

制度

① 同"管理"手势②。

② 一手握拳,然后依次横伸出食指、中指、无名指、小指。

制定(制订)

① 左手握拳在下;右手打手指字母"ZH"的指式在上,然后右手向下砸一下左拳。

② 一手食指直立,向下挥动一下。

编制

① 双手五指分开,掌心向上,交叉相叠,并交替移动几下。

② 同"管理"手势②。

签字(签名)

① 一手如执笔写字状。

② 左手中指、无名指、小指横伸;右手伸食指,沿左手中指指尖划下。

颁布（宣布）

① 双手直立，掌心相对，五指微曲，置于嘴旁，然后向外伸开。

② 双手并排直立，掌心向外，自上而下移动，如贴布告状。

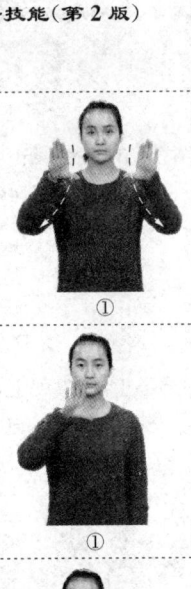
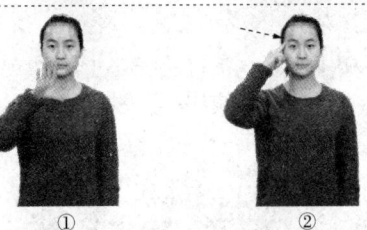

通知

① 一手五指撮合，指尖朝前，从嘴部向前伸出，同时放开五指。

② 一手食指指尖点一下太阳穴处。

附件（附录）

① 双手伸拇指，然后右手拇指尖靠向左手拇指尖。

② 左手拇指、食指呈"亻"形；右手伸食指在左手旁书空"牛"字形，仿"件"字形。

方案

① 双手拇指、食指搭成方形。

② 左手呈"匚"形，虎口朝上；右手五指并拢，指尖朝下插入左手虎口内。

纲要

① 左手掌心向上横伸；右手先握拳置于左手掌心上方，然后依次横伸食指、中指、无名指、小指。

② 一手平伸，掌心向上，由外向内移动一下。

档案

① 双手五指张开，掌心向下，相叠，搭成格子形。

② 同"方案"手势②。

命名

① 一手食指、中指并拢，指尖朝上，向下挥动一下。

② 左手中指、无名指、小指横伸；右手伸食指，沿左手中指指尖划一下。

承担

① 右手呈"コ"字形，按在左肩上。
② 一手虚握，掌心向上，置于肩前，手与肩同时微微上下动两下。

考察

① 双手伸拇指，上下交替动几次。
② 一手食指、中指分开，指尖朝前，在眼前顺时针横向转一圈。

规范

① 右手侧立，由外向内一顿一顿地移动几下。
② 双手侧立，掌心相对，同时向下一顿。

规定

① 右手侧立，由外向内一顿一顿地移动几下。
② 一手食指直立，向下挥动一下。

申请

① 双手抱拳，前后微动几下。
② 双手平伸，掌心向上，同时向斜上方移动。

报告(告诉)

一手五指撮合，指尖朝前，从嘴部边向前移动边张开五指。

总结

① 双手五指张开，指尖朝下，边向上移动边撮合五指。
② 双手五指分开，交叉在一起。

汇报
双手五指微曲，两手一上一下，掌心相对，从嘴部向前移动一下。

步骤
左手横立，五指分开；右手拇指、食指相捏，从左手小指起向上逐一捏一下左手各手指。

① ②
措施
① 双手直立，掌心相对，然后一顿一顿地向左侧移动几下。
② 一手打手指字母"SH"的指式。

① ②
会议
① 双手直立，五指微曲，掌心相对，从身体两侧向中间合拢。
② 一手食指横伸。

① ②
主持
① 一手伸拇指贴于胸部。
② 一手握拳，虎口朝上，置于胸前。

参加
左手直立，掌心向右；右手伸出拇指、小指，向左手掌心靠拢，表示加入一个行列的意思。

① ②
出席
① 一手伸拇指、小指，由内向外移动。
② 双手伸拇指、小指，指尖朝外先靠在一起，然后由中间向两侧一顿一顿地移动几下。

动员

① 双手握拳,屈肘,双手在胸前前后交替转动几下。

② 双手平伸,掌心向上,同时向上移动。

讨论

双手食指横伸,在嘴前前后交替转动两下。

挽救

左手掌心向上横伸;右手伸拇指、小指,平放在左手掌心上,然后左手将右手托起树立。

死刑

① 右手伸拇指、小指,然后手腕向右翻转,象征死亡。

② 双手食指、中指搭成"开"字形,然后右手食指在"开"字旁边书空"刂"形,仿"刑"字形。

 练习

用手语打出下列句子

1. 我们要按照国家法律、法规办事。
2. 国家采取各种措施,发展各种教育事业。
3. 我们要学会用法律武器来维护自身的合法权益。
4. 我国宗教团体和宗教事务不受外国势力的支配。
5. 公民有保守国家秘密、尊重社会公德的义务。
6. 禁止用任何方法对公民进行侮辱、诽谤和诬告陷害。

第六节　国防、战争、外交类拓展词语

一、国防、战争类拓展词语

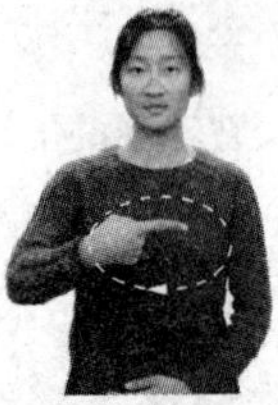
①
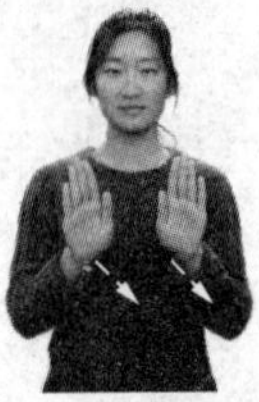
②

国防

① 一手打手指字母“G”的指式，并顺时针横向转一圈。

② 双手直立，掌心向外一推。

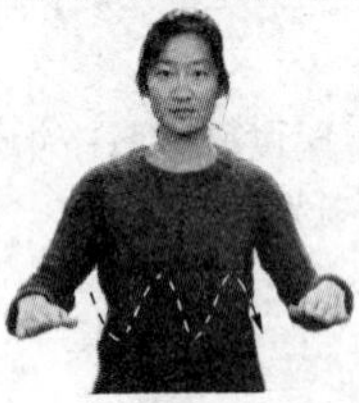
①
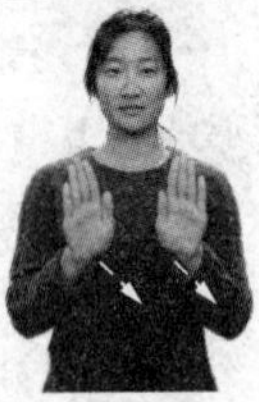
②

海防

① 双手横伸，掌心向下，由身体中间向两侧做波浪形移动，动作幅度要大。

② 同“国防”手势②。

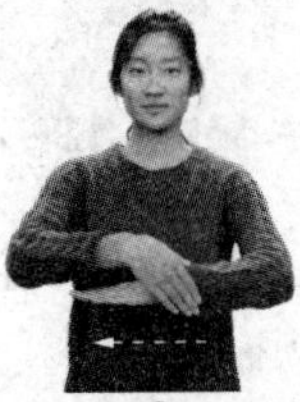
①
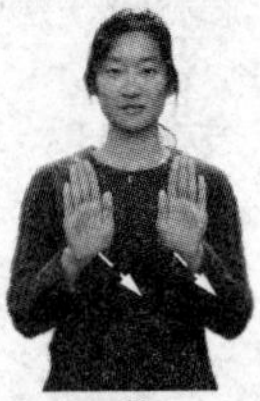
②

边防

① 左手横伸，掌心向下；右手五指并拢，指尖朝下，沿左手小指边缘横向划一下。

② 同“国防”手势②。

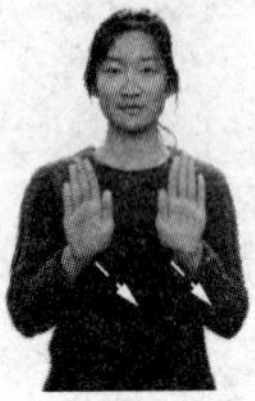
①
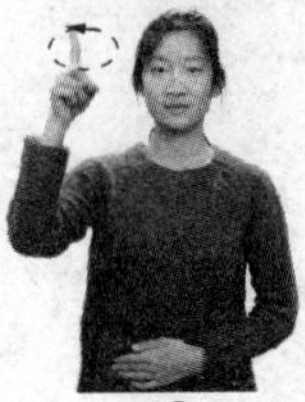
②

防空

① 同“国防”手势②。

② 一手食指直立，在头一侧转一圈。

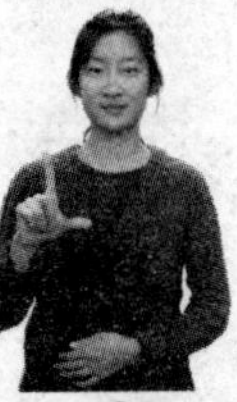
①
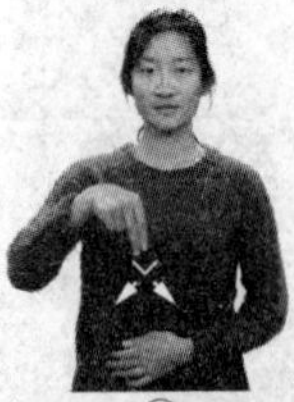
②

领土

① 一手打手指字母“L”的指式。

② 一手拇指、食指、中指撮合，指尖朝下互捻几下。

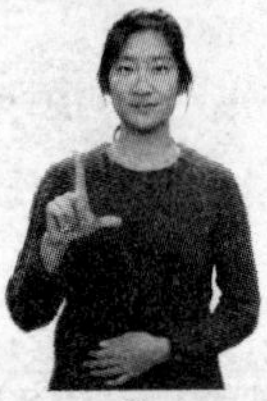
①
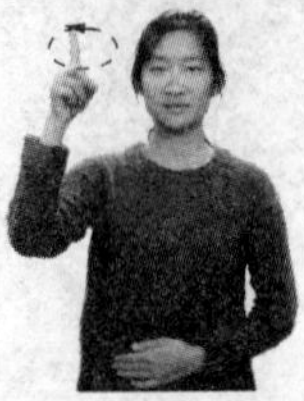
②

领空

① 一手打手指字母“L”的指式。

② 同“防空”手势②。

 	和平	① 双手直立,五指微曲,掌心相对,由身体两侧向中间合拢。 ② 双手平伸,掌心向下,由身体中间向两侧做平行移动。
 	武装	① 双手伸拇指、食指对戳一下,象征相互射击。 ② 双手虚握,手背向外,两手一上一下,如握枪状。
 	部队	① 一手打手指字母"B"的指式。 ② 双手直立,五指分开,两手一前一后,排成一列。
 	陆军	① 一手打手指字母"L"的指式。 ② 右手横伸,掌心向下,贴于额前。
 	海军	① 双手横伸,掌心向下,由身体中间向两侧做波浪形移动,动作幅度要大。 ② 同"陆军"手势②。
 	空军	① 一手伸拇指、食指、小指,由下向上移动,如飞机飞行状。 ② 同"陆军"手势②。
 	战士	① 同"武装"手势①。 ② 一手食指书空"士"字形。

民兵
① 双手食指搭成"人"字形并顺时针转一圈。
② 同"陆军"手势②。

战争
双手拇指、食指伸直,食指指尖相对,相互对戳,表示交战双方互相开火。

演习
① 双手伸拇指、小指,前后交替转动几下。
② 一手五指撮合,按于额前。

挑战
① 一手食指弯曲,指尖朝上,从身体一侧向上挑一下。
② 同"战士"手势①。

警卫
① 右手拇指叉开,食指、中指并拢,指尖朝下,贴于腰部。
② 右手直立,掌心向外;左手掌托住右手腕部,置于胸前。

保卫
① 双手斜伸,掌心向下,按动一下。
② 同"警卫"手势②。

巡逻
① 左手拇指、食指搭成"⌐"形;右手拇指、食指相捏,中指、无名指、小指伸出,在"⌐"上书空"<<<"形,仿"巡"字形。
② 一手伸拇指、小指,在胸前左右移动几次。

防守
① 双手直立,掌心向外一推。
② 同"武装"手势②。

阵地
① 同"战士"手势①。
② 一手食指指尖朝下一指。

站岗
① 左手掌心向上横伸;右手食指、中指分开,指尖朝下抵于左掌心上。
② 同"武装"手势②。

包围(围绕)
左手伸出拇指、小指;右手直立,五指分开微曲,围绕左手转半圈。

突围
① 双手平伸,掌心向下,五指分开,同时用力向前推。
② 同"包围"手势。

消灭
双手斜伸,掌心向外,向前扑下,一手手掌压住另一手手背。

胜利(赢)
双手伸拇指,然后左手不动,右手向上一挑,表示两者竞赛,一方胜利。

失败（输）
左手伸拇指，不动；右手先伸拇指，然后再伸小指，指尖朝下一甩，表示两者竞赛，一方失败。

牺牲
左手掌心向上横伸；右手打手指字母"X"的指式置于左手掌心上，然后右手再向一侧倒下。

投降
双手上举，掌心向外，模仿投降动作。

强盗
① 双手握拳，屈肘；同时向下一顿。
② 左手虚握拳，屈肘；右手五指张开置于左臂下，然后边向内移动边收拢五指。

①

②

叛徒
① 双手拇指、食指搭成"心"形，贴于胸部，再将"心"倒转过来，表示变心。
② 双手食指搭成"人"字形。

①

②

手枪
　　一手伸出拇指、食指,指尖微曲一下,如握手枪射击状。

雷达
　　左手握拳,虎口朝上不动;右手五指分开微曲,手腕部置于左手虎口上并转一圈,如雷达天线转动。

　①　　　　　　②

情报
　　① 双手竖伸,掌心相贴,左手不动,右手向右转一下。
　　② 双手横伸,五指微曲,两手一上一下,掌心相对,从嘴部向前移动一下。

望远镜
　　双手虚握成圆筒形,虎口贴在两眼上,模仿使用望远镜的动作。

发射
　　左手直立,掌心向右;右手食指、中指相叠直立,贴于左手掌心,然后右手边向上升边向右做弧形移动,如导弹飞行状。

爆炸
　　双手五指撮合,指尖相对,然后迅速向上弹起并放开五指,象征炸弹爆炸。

　①　　　　　　②

长征
　　① 双手食指直立,从身体中间向两侧拉开。
　　② 一手食指、中指叉开,指尖朝下,交替向前迈进,仿走路状。

降落伞

左手五指朝下张开；右手拇指、小指伸出，置于左手下，双手同时由上向下移动，如降落伞状。

特务（间谍）

左手横伸，掌心向下；右手伸拇指、食指如手枪状，先置于左手掌心下，再移动到左手背上。

二、外交类拓展词语

① ②

仪仗队

① 一手虚握，虎口朝上，在胸前上下动几下，如仪仗队指挥手持仪仗状。
② 同"部队"手势②。

① ②

外交

① 左手横立，掌心向内；右手食指在左手背外向下指一下。
② 双手拇指、小指伸直，手背向外，由身体两侧向中间交错移动。

联合国

① 双手拇指、食指相互套住，并顺时针横向转动一圈。
② 一手打手指字母"G"的指式，并顺时针横向转动一圈。

① ②

建交

① 左手掌心向上横伸；右手食指、中指分开，先平放于左手掌心上，然后立起来。
② 同"外交"手势②。

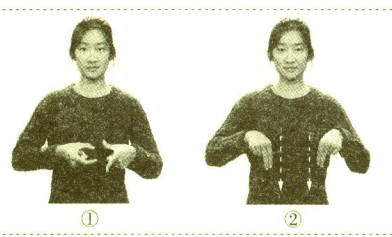

公约
① 双手拇指、食指搭成"公"字形。
② 双手拇指、食指、中指相捏,同时向下一按。

协议
① 双手食指相互勾住。
② 一手握拳,虎口朝上,逐一伸出食指、中指、无名指、小指。

挑衅
① 一手食指弯曲,指尖朝上,在身体一侧向上挑一下。
② 双手拇指、食指相捏,指尖相对,然后反复张合几下。

干涉
① 左手食指、中指与右手食指搭成"干"字形。
② 左手直立,掌心向内;右手侧立从左手食指、中指指缝中插过,象征干预别人之意。

谴责
左手伸小指,指尖朝上;右手伸食指向左手小指用力指点几下。

驱逐(开除)
左手伸拇指、小指;右手横立于左手后,然后用力拍击左手拇指指背,左手随之向前移动。

练习

用手语打出下列句子
1. 我国是联合国常任理事国之一。
2. 台湾自古以来就是中国的领土,我们绝不允许侵略者横行霸道。
3. 国防的目的是捍卫国家主权统一、维护国家的安全、保卫国家的领土完整。
4. 校园安全巡逻制度是为了维护校园的秩序和稳定,保护师生的生命、财产安全。

第七节 文化、教育、体育、医疗卫生类拓展词语

一、文化类拓展词语

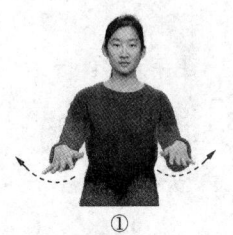 

广告
① 双手平伸,掌心向下,向身体两侧做弧形移动。
② 一手五指撮合,指尖朝前,置于嘴前,然后边向前移动边张开五指。

座谈
① 双手伸拇指、小指,先靠在一起,然后分别向身体两侧一顿一顿地移动几下。
② 双手食指横伸,在嘴前前后交替转动几下。

俱乐部
① 双手直立,五指微曲,掌心相对,从身体两侧向中间移动。
② 双手横伸,掌心向上,在胸前上下交替动几下。
③ 双手搭成"∧"形。

博物馆

① 一手打手指字母"B"的指势。

② 双手食指指尖朝前互碰一下,然后向两侧分开,并张开五指。

③ 双手搭成"∧"形。

①

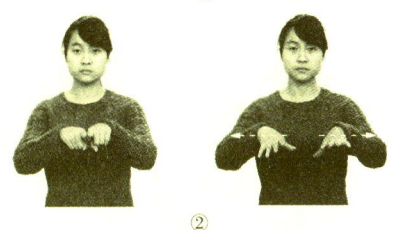
②

③

摄像(录像)

右手拇指朝内,其他四指弯曲,置于眼前;左手在右手前连续做张开、摄合动作,象征摄入景物,同时双手左右移动,如摄像状。

动画片

① 双手握拳,屈肘,然后前后交替转动几下。

② 左手横伸,掌心向上;右手背在左手掌心抹一下。

③ 一手横立,五指张开,掌心向内,在面前上下摆动几下,象征画面的变化。

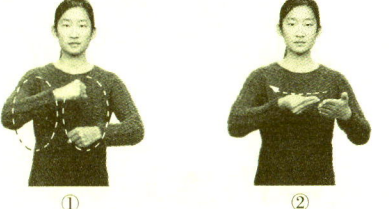
①　　　　②

③

杂技

双手伸拇指、小指,两手一上一下,拇指指尖相顶,顺时针横向转动两圈。

集邮

① 双手直立，五指微曲，掌心相对，从身体两侧向中间移动。

② 左手掌心向上横伸，右手食指、中指并拢；右手在左手掌心轻拍一下，然后向左手指尖方向划出，表示将贴了邮票的信寄出。

雕刻

左手握拳，虎口朝上；右手食指、中指并拢，在左手虎口上划动几下，如雕刻状。

玩具

① 双手伸拇指、小指，顺时针横向交替转动几下。

② 双手食指指尖朝前互碰一下，然后向两侧分开，并张开五指。

③ 双手搭成"∧"形。

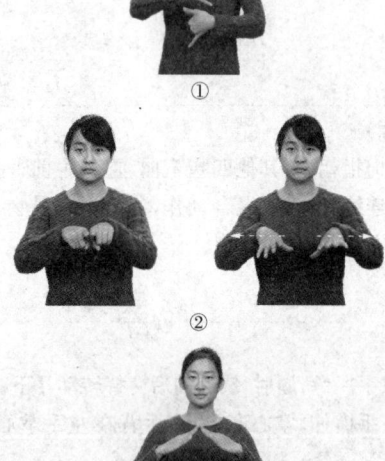

扑克牌

双手模仿打扑克牌动作。

麻将

① 双手拇指、食指张开，指尖相对，从身体中间向两侧拉开。

② 双手食指向下弯动，拇指翻转朝上。

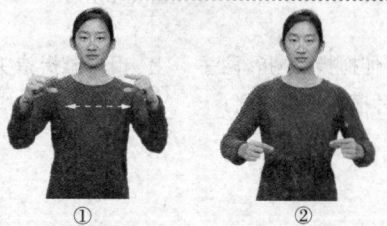

素描（写生）

左手横伸，掌心向上；右手如执笔状，在左手掌心上划动几下，如在画板上画画。

书法

① 一手如执笔写字状。
② 一手打手指字母"F"的指式，并向下微动一下。

对联

① 双手食指直立，由身体两侧向中间微移一下。
② 双手拇指、食指张开，指尖朝前，间距约5厘米，然后自上而下移动。

少年宫

① 一手平伸，掌心向下一按。
② 双手搭成"∧"形然后边向身体两侧移动，边伸出拇指、小指，指尖朝上。

电视台

① 一手食指书写"闪电"的符号。
② 一手横立，五指张开，掌心向内，在脸前上下摆动几下。
③ 双手搭成"∧"形。

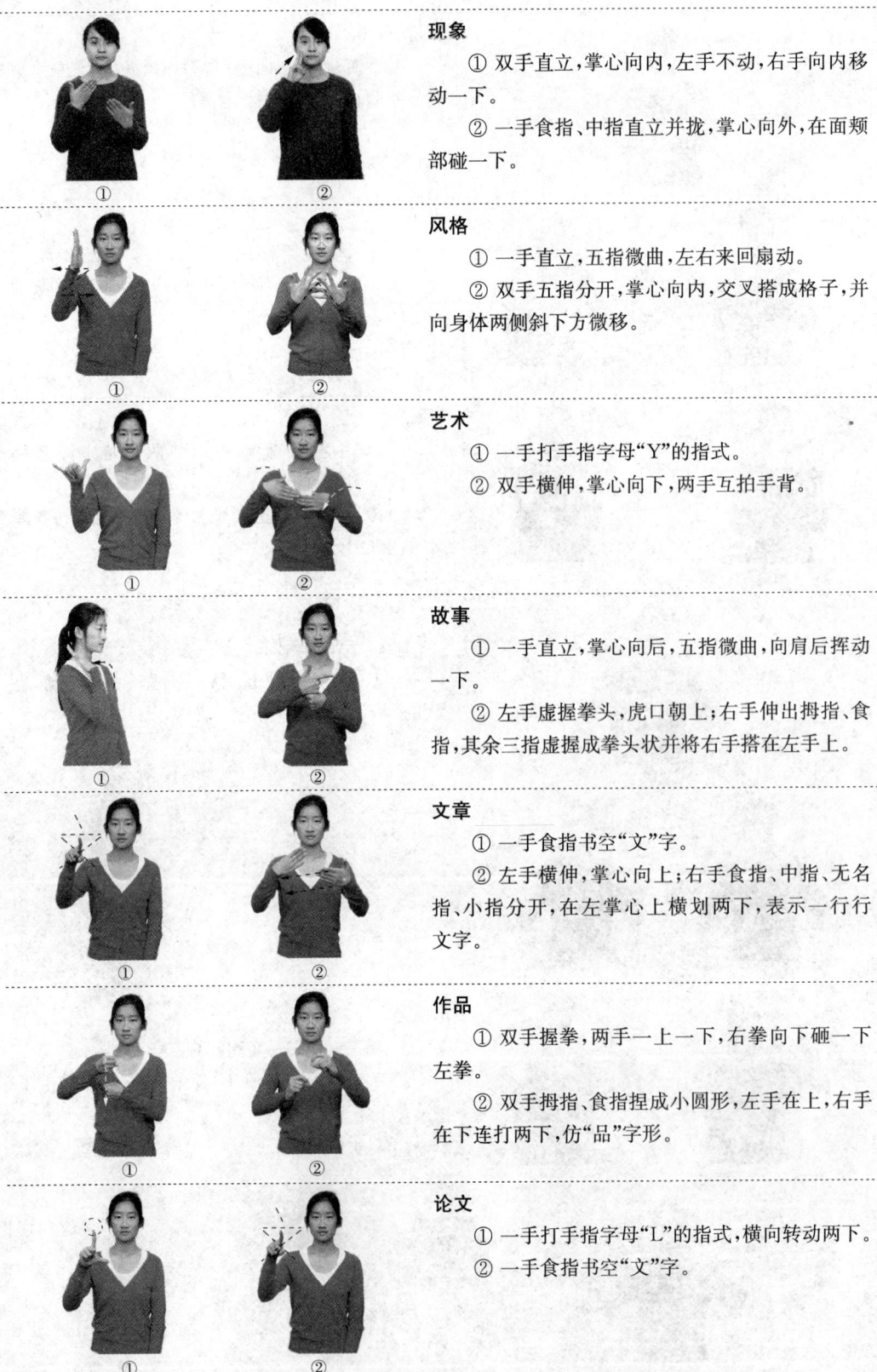

现象
① 双手直立,掌心向内,左手不动,右手向内移动一下。
② 一手食指、中指直立并拢,掌心向外,在面颊部碰一下。

风格
① 一手直立,五指微曲,左右来回扇动。
② 双手五指分开,掌心向内,交叉搭成格子,并向身体两侧斜下方微移。

艺术
① 一手打手指字母"Y"的指式。
② 双手横伸,掌心向下,两手互拍手背。

故事
① 一手直立,掌心向后,五指微曲,向肩后挥动一下。
② 左手虚握拳头,虎口朝上；右手伸出拇指、食指,其余三指虚握成拳头状并将右手搭在左手上。

文章
① 一手食指书空"文"字。
② 左手横伸,掌心向上；右手食指、中指、无名指、小指分开,在左掌心上横划两下,表示一行行文字。

作品
① 双手握拳,两手一上一下,右拳向下砸一下左拳。
② 双手拇指、食指捏成小圆形,左手在上,右手在下连打两下,仿"品"字形。

论文
① 一手打手指字母"L"的指式,横向转动两下。
② 一手食指书空"文"字。

散文

① 双手直立，五指微曲，指尖朝上，边向身体两侧下方移动边放开五指，掌心向下。

② 一手食指书空"文"字。

杂志

① 双手五指微曲，指尖相对，两手前后交替扭转几下。

② 双手侧立，掌心相贴，再向两侧打开，动作幅度要小，如翻书刊状。

二、教育类拓展词语

留学

① 左手打手指字母"G"的指式；右手伸拇指、小指，右手从左手食指上越过，表示出国之意。

② 双手斜伸，掌心向内，置于胸前如读书状。

教案

① 双手五指撮合，指尖相对，手背向外，前后微动几下。

② 左手搭成"匚"形，虎口朝上；右手五指并拢，指尖朝下插入左手虎口内。

自然

① 一手食指直立，贴于胸部。

② 一手打手指字母"R"的指式。

律动
① 双手直立,掌心相对,向身体左侧一顿一顿地移动几下。
② 双手握拳,屈肘,两手前后交替转动几下。

① ②

作弊
① 双手握拳,两手一上一下,右拳向下砸一下左拳。
② 双手横伸,掌心相贴,左手在上、右手在下,然后右手向胸前拉动,同时眼睛看着右手。

① ②

记录
① 一手打手指字母"J"的指式,置于前额。
② 一手拇指、食指、中指相捏,如执笔写字状。

① ②

字
一手打手指字母"Z"的指式。

字典
① 一手打手指字母"Z"的指式。
② 双手五指微曲,指尖相对如"心"型,然后拇指向两侧分开,如翻字典动作。

① ②

幻灯
左手搭成半圆形,虎口朝内;右手五指撮合,指尖朝外,边从左手掌心移出,边放开五指。

多媒体
① 一手侧立,五指微曲张开,边抖动边向外移动。
② 左手食指、中指直立并分开,手背向外;右手打手指字母"M"的指式置于左手食指、中指中间。
③ 一手贴于胸部并向下移动。

启发
① 一手打手指字母"Q"的指式,置于太阳穴处,头先略低,再抬起。
② 一手五指撮合,指尖朝前,置于太阳穴处,然后边向外移边张开五指。

资料
① 一手打手指字母"Z"的指式。
② 双手食指指尖在身前互碰一下,然后向两侧分开,并张开五指。

教材
① 双手五指撮合,指尖相对,手背向外,前后微动几下。
② 双手食指指尖朝前,两手先互碰一下,然后向身体两侧分开,并张开五指。

词典(辞典)
① 一手打手指字母"C"的指式。
② 双手五指微曲,指尖相对如"心"形,然后拇指向两侧分开,如翻字典动作。

三、体育类拓展词语

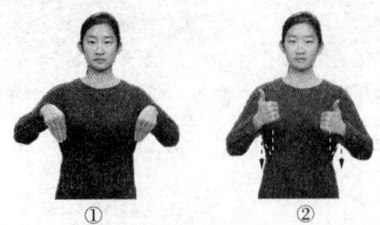

锦标赛
① 双手五指相捏,指尖朝下,向前移动一下,表示锦旗。
② 双手伸拇指,两手上下移动。

奥林匹克
双手拇指、食指捏成圆圈,左手不动,右手圆圈先叠在左手圆圈右侧,然后向右移动一次,再在下面移动两次,仿奥林匹克的五环标志。

训练
① 一手打手指字母"X"的指式。
② 左手横伸,掌心向上;右手平伸,掌心、手背交替在左手掌心上蹭一下。

田径
① 双手食指、中指、无名指搭成"田"字形。
② 双手侧立,掌心相对,两手边向前移动边转弯,表示田径场跑道。

接力
一手五指微曲,伸向身后,如接接力棒动作,然后握拳,屈肘,两臂前后摆动,仿接力跑动作。

马拉松
① 一手打手指字母"M"的指式。
② 一手打手指字母"L"的指式。
③ 两手握拳,屈肘,两臂前后摆动几下。

铅球

左臂向前伸出,身体后仰;右手五指弯曲,如托铅球状,然后从肩部向前推出,仿推铅球状。

举重

双手虚握,掌心向上,置于肩前,然后同时向上举起,仿举重状。

武术

双手直立,五指分开,掌心相对,两手一前一后,然后两手边向后转动边握拳并互换两手位置。

平衡木

左手食指横伸,象征平衡木;右手食指、中指分开立于左手食指上,并左右移动两下,仿做平衡木动作。

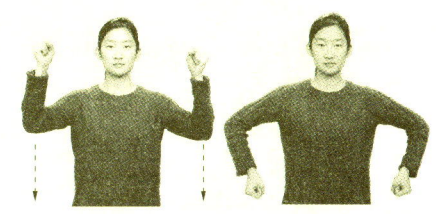

吊环

双手握拳上举过头顶,然后弯肘,双手下移至腰部,仿做吊环动作。

游泳

双手弯曲,两臂同时向前伸出,划动,如蛙泳动作。

跳水

左手横伸,手背向上;右手食指、中指并拢,指尖朝下在左手指尖处跳动两下,然后转动180度变为指尖朝上向下移动,如跳水状。

滑冰

双手侧立,掌心相对,交替向前做曲线滑动,如滑冰动作。

① ②

登山

① 双手五指张开,两手一上一下,交替做向上攀登的动作。

② 一手拇指、食指、小指直立,手背向外,仿"山"字形。

① ②

预赛

① 左手伸拇指;右手伸食指敲一下左手拇指。

② 双手伸拇指,在胸前上下交替动几下,表示两者在做高低比较。

① ②

决赛

① 左手伸小指;右手伸食指用力敲一下左手小指。

② 同"预赛"手势②。

① ②

检录处

① 双手拇指、食指、中指相捏,指尖朝下,上下交替动几下。

② 左手中指、无名指、小指横伸;右手食指指尖从左手中指指头开始向下滑动。

③ 一手打手指字母"CH"的指式。

③

登记

左手横伸,右手中指、无名指、小指指尖朝下在左手掌心上点一下,表示登记姓名。

抽签

① 双手五指弯曲,指尖相对搭成一个圆形,然后摇动几下。

② 左手姿势不变;右手拇指、食指、中指相捏,从左手内向上一抽。

裁判

① 一手拇指、食指相捏如捏哨子状,放在口边做吹哨子状。

② 一手食指、中指并拢,向下一挥。

击剑

一手虚握,如手中握剑状,向前刺几下,仿击剑的动作。

四、医疗卫生类拓展词语

生理

① 左手五指微曲,手背向外,横于腹前;右手伸拇指、小指先置于左手掌内,再向下移出左手掌外。

② 一手打手指字母"L"的指式。

重听

一手食指、中指、无名指、小指并拢弯曲,与手掌成直角,指尖沿着耳朵的中部向前移动一下。(此为国际通用手语)

诊断

① 左手平伸,掌心向上,右手五指并拢,食指、中指、无名指指尖按于左手脉门处,如中医诊脉动作。

② 一手侧立,向下一切。

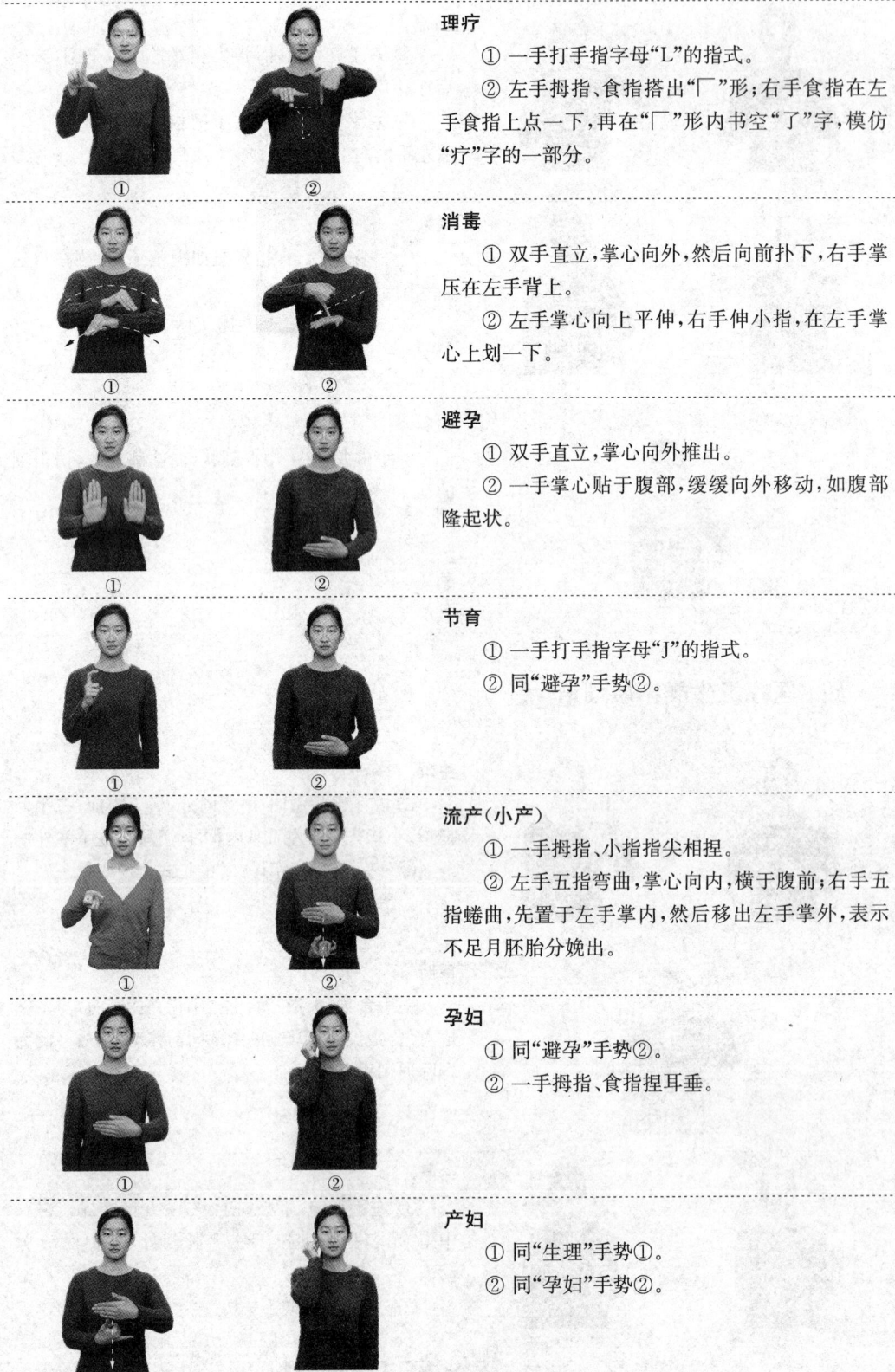

理疗
① 一手打手指字母"L"的指式。
② 左手拇指、食指搭出"厂"形；右手食指在左手食指上点一下，再在"厂"形内书空"了"字，模仿"疗"字的一部分。

消毒
① 双手直立，掌心向外，然后向前扑下，右手掌压在左手背上。
② 左手掌心向上平伸，右手伸小指，在左手掌心上划一下。

避孕
① 双手直立，掌心向外推出。
② 一手掌心贴于腹部，缓缓向外移动，如腹部隆起状。

节育
① 一手打手指字母"J"的指式。
② 同"避孕"手势②。

流产（小产）
① 一手拇指、小指指尖相捏。
② 左手五指弯曲，掌心向内，横于腹前；右手五指蜷曲，先置于左手掌内，然后移出左手掌外，表示不足月胚胎分娩出。

孕妇
① 同"避孕"手势②。
② 一手拇指、食指捏耳垂。

产妇
① 同"生理"手势①。
② 同"孕妇"手势②。

营养

① 一手五指撮合置于胸部，然后张开。
② 左手食指直立；右手五指撮合，掌心向上，边向左手食指移动，边张开五指。

怀孕

一手掌心贴于腹部，向外缓缓移动，如腹部隆起状。

过敏

① 左手平伸，掌心向上微握拳；右手食指在左腕处扎一下，仿打皮试针状。
② 左手姿势不变；右手五指撮合，指尖朝下置于针眼处，然后稍张开，表示过敏红肿反应。

近视

右手拇指、食指张开，拇指抵于眼睑下方，食指逐渐向拇指靠近，同时做眯眼动作。

失眠

头微侧，一手拇指、食指相捏，置于眼部开合几下，如眼睛时开时闭，表示不能入睡。

清醒

① 左手掌心向上横伸；右手平伸，掌心向下从左手掌心上划出，然后伸出拇指。
② 头微侧，眼微闭；一手拇指、食指相捏置于眼角处，然后手指与眼睛同时张开，头抬正。

昏迷（休克）

① 一手食指直立在头前横向转两圈，同时眼微闭，头微晃，如头晕状。
② 左手掌心向上横伸，右手伸拇指、小指，小指尖抵于左手掌心上，然后右手倒向一侧。

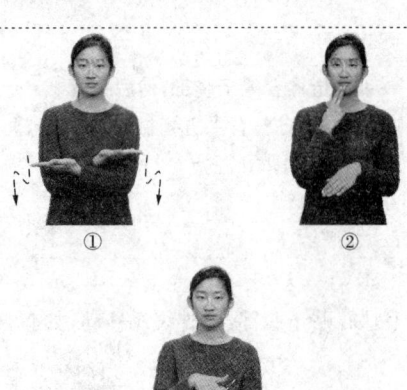

贫血
① 双手掌心向上,腕部交叉,上下微动几下。
② 一手打手指字母"H"的指式并摸一下嘴唇。
③ 左手斜伸,指尖朝下;右手沿左手背向指尖方向下移,表示血液流动。

中耳炎
① 左手拇指、食指与右手食指搭成"中"字形。
② 一手食指指耳朵。
③ 一手平伸,五指微曲,指尖朝上,上下微动两下。

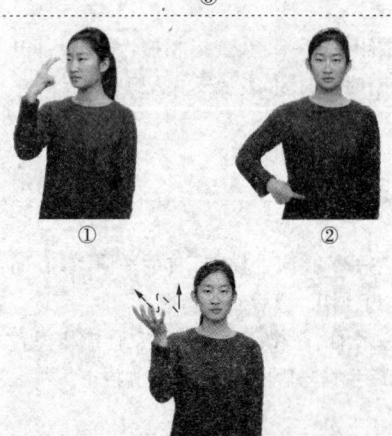

盲肠炎(阑尾炎)
① 一手食指、中指分开贴于双眼,并闭上眼睛。
② 右手食指指右腹下盲肠部位。
③ 同"中耳炎"手势③。

颤抖(哆嗦)
左手横伸,掌心向上;右手食指、中指微曲,指尖抵于左手掌心上,并晃动几下。

瘫痪

① 一手屈肘,手腕自然垂下并微微晃动几下,象征手的运动能力丧失。

② 左手掌心向上横伸,右手伸拇指、小指,小指尖抵于左手掌心上,然后右手倒向一侧。

感染

左手小臂横于胸前;右手五指撮合在左手小臂上点一下,然后缓缓放开五指,表示受感染后局部发炎。

传染

左手平伸,掌心向上;右手五指撮合置于左手脉门处,然后边向外做弧形移动边放开五指,表示疾病传播。

放射科(X 光)

① 双手食指搭成"X"形,在胸前转一圈。

② 一手打出手指字母"K"的指式。

测听

① 双手五指朝下,做拧旋钮动作,模仿操作测听仪动作。

② 双手手指微曲,分别扣在两耳上,表示戴着耳机,同时面露仔细听的神态。

CT

左手打手指字母"C"的指式;右手伸食指在左手旁边书空字母"T"形。

B超

① 一手打手指字母"B"的指式。

② 一手五指虚握,掌心对着身体,在腹部来回移动,模仿做B超检查的动作。

治疗

① 一手打手指字母"ZH"的指式。

② 左手拇指、食指搭出"「"形；右手食指在左手食指上点一下，再在"「"形内书空"了"字，模仿"疗"字的一部分。

会诊

① 双手直立，手指微曲，掌心相对，由身体两侧向中间合拢。

② 左手平伸，掌心向上；右手五指并拢，食指、中指、无名指指尖按于左手脉门处，如中医诊脉动作。

心电图

① 双手拇指、食指搭成"心"形，贴于胸部。

② 一手食指书空"闪电"符号。

③ 左手拇指、食指呈"匚"形；右手食指在"匚"形内从左向右画曲线。

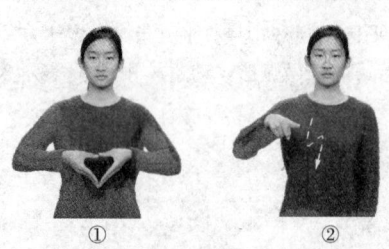

手术

① 右手掌拍一下左手背。

② 左手横伸；右手食指、中指并拢，指尖朝下在左手背上划一下。

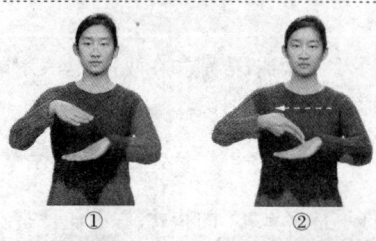

麻醉

① 一手五指微曲分开，指尖对着嘴部前后颤动几下，嘴微张，表示舌头麻木。

② 一手食指直立在头前横向转两圈，同时眼微闭，头微晃，如头晕状。

输血
　　① 左手臂横伸；右手食指指尖朝下置于左手臂上方，然后向下点几下。
　　② 一手打手指字母"H"的指式，摸一下嘴唇。
　　③ 左手斜伸，指尖朝下；右手沿左手背向指尖方向下移，表示血液流动。

针灸
　　右手拇指、食指、中指互捏，在左手虎口上边捻动边上下微微移动，如针灸动作。

疫苗
　　① 左手平伸，掌心向上，微握拳；右手五指并拢，食指、中指、无名指指尖按于左手脉门处，如中医诊脉动作。
　　② 一手打手指字母"M"的指式。

预防
　　① 左手伸拇指；右手伸食指敲一下左手拇指。
　　② 双手直立，掌心向外一推。

酒精
　　① 一手打手指字母"J"的指式，置于嘴前做喝酒状。
　　② 左手手背向上横伸；右手拇指、食指、中指相捏，如捏药棉在左手背做涂擦状。

护理
　　① 左手伸拇指；右手侧立，五指弯曲，绕左手半圈。
　　② 一手打手指字母"L"的指式。

保养

① 双手斜伸,掌心向前按一下。

② 左手食指直立;右手五指撮合,掌心向上,边向左手食指移动,边张开五指。

① ②

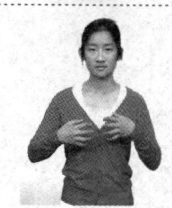 

急救

① 双手五指弯曲,指尖抵于胸部,上下交替动几下。

② 左手横伸;右手伸拇指、小指,手背贴于左手掌心上,然后左手将右手托起。

① ②

练习

用手语打出下列句子

1. 教育是富国、强国之本。
2. 营养要丰富,身体才能健康。
3. 眼睛是心灵的窗户,要保护视力,预防近视。
4. 到了医院要先到挂号处挂号,再到诊疗室就诊。
5. 历史悠久的各种雕塑工艺是中国工艺美术中一项珍贵的遗产。
6. 武术是中华民族在长期的历史演进过程中逐渐形成的一个运动项目。
7. 首都博物馆是北京地区大型综合性博物馆,属中国省市级综合性博物馆。

第八节 时间、空间类拓展词语

时期
① 左手侧立；右手伸拇指、食指，拇指指尖抵于左手掌心，食指向下转动。
② 双手直立，掌心相对，表示一段时期。

① ②

时机
① 同"时期"手势①。
② 一手打手指字母"J"的指式。

① ②

时代
① 同"时期"手势①。
② 双手食指直立，然后交叉互换位置。

① ②

年限
① 左手握拳，右手伸食指在左手四指关节处往下划动。
② 左手掌心向上横伸，右手侧立，在左手手心上切一下。

① ②

周年
左手握拳，手背向外；右手打手指字母"ZH"的指式，从左手食指骨节处向下划。

周期
① 一手打手指字母"ZH"的指式，顺时针平行转一圈。
② 同"时期"手势②。

① ②

定期

① 一手食指直立向下一挥。
② 双手直立,掌心相对,表示一段时期。

来不及

① 同"时间"手势。
② 右手拇指、食指相捏,其他手指伸直并分开,虎口朝内,边碰向胸口部边张开拇指、食指,表示不够。

突然

① 一手打手指字母"T"的指式。
② 一手打手指字母"R"的指式。

方向

① 双手拇指、食指搭成长方形。
② 双手直立,掌心相对,向前移动一下。

过期

① 左手食指指尖朝前;右手横立于左手食指根部,然后向前移动。
② 同"方向"手势②。

立春

左手握拳,虎口向上;右手伸食指、中指,中指立在左手食指关节处。

来得及

① 左手侧立;右手伸拇指、食指,拇指指尖抵于左手掌心,食指向下移动。

② 右手五指搭成"L"形,虎口朝内,在胸部碰一下。

用手语打出下列句子

1. 春节是我国最盛大、最热闹的一个传统节日。
2. 这是一篇很好的正面教材,教育意义很大。
3. 这些食品过期了,不能再吃了。
4. 用爱生活你会让自己幸福,用爱工作你会让很多人幸福。
5. 没有目标就没有方向,每一个学习阶段都应该给自己树立一个目标。

第九节 哲学、伦理、心理、行为类拓展词语

一、哲学、伦理类拓展词语

现象
① 双手直立，掌心向内，左手不动，右手向内移动一下。
② 一手食指、中指直立并拢，掌心向外，朝面颊部碰一下。

存在
① 左手呈半圆形，掌心向下；右手五指呈"匚"形，插入左手半圆形中。
② 左手横伸；右手伸拇指、小指，由上而下放至左手掌心上。

客观
① 双手掌心向上，并向身体一侧移动。
② 一手食指、中指从眼部向前指一下。

理想
一手打手指字母"L"的指式，置于太阳穴处并前后转动两下。

立场
① 左手横伸；右手食指、中指张开，指尖朝下立于左手掌心上。
② 一手食指指尖朝下划一个大圈。

范围
一手打手指字母"F"的指式，并顺时针转一圈。

统一
① 右手侧立，五指微曲，边向左做弧形移动边握拳。
② 一手食指横伸。

科学
一手打手指字母"K"的指式，另一手打手指字母"X"的指式，然后前后交替转两圈。

道德
① 双手侧立，掌心相对，向身体前移动一下。
② 一手打手指字母"D"的指式。

素质
① 一手打手指字母"S"的指式。
② 左手握拳，手背向上；右手伸出食指、中指，用这两指指背弹击几下左手背。

实践
① 一手打手指字母"SH"的指式。
② 双手握拳，两拳一上一下；右拳向下砸一下左拳。

认识
① 一手食指、中指从眼部向前伸出，表示"看""看见"的意思。
② 一手食指在太阳穴处点两下，表示"知道"。

精神
① 一手打手指字母"J"的指式。
② 一手掌心贴于胸部，并抬头挺胸。

真理
① 左手食指横伸；右手食指先直立再向下敲一下左手食指。
② 一手打手指字母"L"的指式。

道理
① 双手侧立，掌心相对，向身体前移动一下。
② 一手打手指字母"L"的指式。

暗示
左手直立，掌心向右，遮住左脸；右手食指横伸，从左胳膊前向左指一下。

归纳
① 双手五指微曲，掌心向下，边向上移动边双手靠拢并撮合五指。
② 左手五指呈"冂"形，虎口朝上；右手五指撮合，指尖朝下插入"冂"形中。

动机
① 双手握拳，屈肘，在胸前前后交替转动几下。
② 一手打手指字母"J"的指式。

慈善
① 一手打手指字母"C"的指式。
② 双手拇指、食指在胸前搭成"爱心"形，然后右手伸出拇指，并向上一挑。

憧憬
① 一手打手指字母"X"的指式，先置于太阳穴处，然后向外移动。
② 一手五指分开，掌心向内，在面前转动一圈。

承认
　　一手直立,掌心向外上方举。

平衡
　　① 双手平伸,掌心向下,由中间向两侧移动。
　　② 双手平伸,掌心向下,两手先上下交替微动,然后双手保持平衡状。

理由
　　① 一手打手指字母"L"的指式。
　　② 左手直立,五指张开,掌心向内;右手食指从左手拇指处开始依次点五指。

原因(缘故)
　　① 一手拇指、食指捏成小圆形,"圆"与"原"同音。
　　② 一手食指书空"?"。

意思
　　① 一手打手指字母"Y"的指式。
　　② 一手伸食指,在太阳穴处转动两下,面露思考神态。

过程
　　① 左手食指指尖朝前;右手侧立于左手食指根部,然后向左手食指指尖处移动。
　　② 双手横立,左手在后不动,右手在前,然后自左手处向前一顿一顿地移动几下。

规律
　　① 右手横立,由外向内一顿一顿地移动几下。
　　② 双手直立,掌心相对,向身体一侧一顿一顿地移动几下。

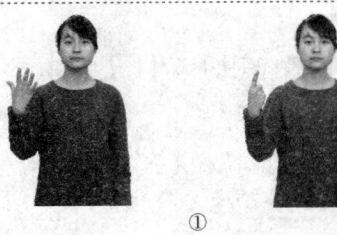

偶然
① 右手直立,掌心向内,五指分开,边向左挥动边只伸食指,收拢其他四指,象征多次中偶尔有一次。
② 一手打手指字母"R"的指式。

特殊(特别)
左手平伸,手背向上,右手食指从左手小指外沿向上伸出。

具体
① 一手打手指字母"J"的指式。
② 一手掌贴于胸部并向下移动。

包括
① 双手五指微曲,手背向上,然后向下做弧形移动,手腕靠拢。
② 双手拇指、食指摆出"()"形。

矛盾
左手直立,掌心向右;右手食指横伸,向左手掌心刺几下,表示用"矛"刺"盾"之意。

方法
双手食指、中指分开,指尖朝前,同时两手上下动两下。

观察（侦察）
　　一手食指、中指分开，指尖朝前，在眼前做水平半圆形移动。

印象
　　① 双手平伸，掌心相对，指尖相抵，左手在下不动，右手向下合拢。
　　② 一手食指、中指并拢直立，掌心向外，朝面颊部碰一下。

分析
　　左手掌心向上不动，右手侧立在左掌心上并左右微动几下。

研究
　　左手横伸；右手伸拇指、食指、中指，食指、中指并拢，指尖朝下在左手掌心上转两下。

理解（领会）
　　① 一手打手指字母"L"的指式。
　　② 一手食指在太阳穴点一下。

二、心理类拓展词语

性格
　　① 右手食指、中指弹打左拳背。
　　② 双手手背向外，五指分开搭成格子形并向下微移。

善良
　　双手拇指、食指在胸前搭成"爱心"形,然后右手伸出拇指,并向上一挑。

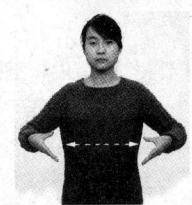

勇敢
　　双手在胸前搭成"爱心"形,然后向两侧拉开,表示"大胆"。

① ②

倔强
　　① 一手伸出拇指、小指,小指指尖朝前,拇指顶在太阳穴部,然后小指向下动一下。
　　② 双手握拳屈肘,然后往下一顿。

① ②

遗憾
　　① 左手横伸;右手握拳在左手掌上轻捶两下,同时面露遗憾表情。
　　② 双手平伸,掌心上下甩动几下。

①

失落
　　① 头微低;一手五指张开,指尖朝上,置于胸部,然后边向下移动边收拢五指,面露灰心表情。
　　② 左手横伸,掌心向上;右手拇指、食指捏成小圆圈,其他手指伸开,由上而下移至左手掌心。

②

① ②

恶意
　　① 一手伸出小指,向下挥动一下。
　　② 一手打手指字母"Y"的指式。

委屈
① 一手伸小指，指尖朝胸部点两下，同时皱眉，面露受冤屈难过的表情。
② 一手虚握，贴于胸部转动一圈，面露愁容。

心情（情绪）
① 双手拇指、食指搭成"爱心"形置于胸前。
② 双手直立，掌心相贴，五指分开，左手不动，右手向右转一下。

自私
① 一手食指直立，贴于胸部。
② 右手五指张开，虎口向内，拇指尖碰一下左胸。

自卑
① 一手食指直立，贴于胸部。
② 一手伸小指，指尖向胸部点两下。

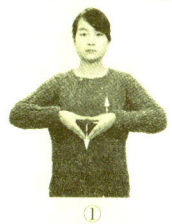

激动
① 双手拇指、食指搭成"爱心"形，置于胸前上下动几下，同时面带感激的神情。
② 双手握拳，屈肘，在胸前前后交替动几下。

同情
① 一手食指、中指横伸并分开，指尖朝左，手背向上，在胸前平行移动一下。
② 同"心情"手势②。

耐心
① 一手横伸，掌心向下，在胸前向下一按。
② 同"心情"手势①。

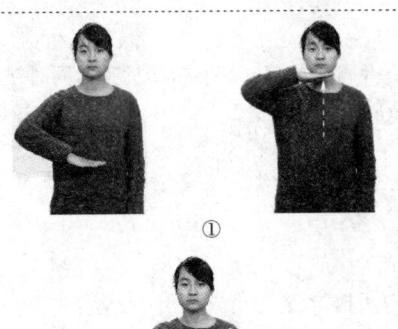

满足

① 一手横伸,掌心向下,从腹部向颏下部移动。
② 右手五指张开,虎口向内,拇指尖碰一下左胸。

大方

① 双手侧立,掌心相对,从身体中间向两侧移动。
② 双手拇指、食指搭成"口"字形。

害怕

一手拍几下胸部,脸露害怕神态。

害羞

头微低;一手五指撮合,指尖朝上,置于面部然后缓慢张开,象征害羞脸红样。

担心

双手拇指、食指搭成"爱心"形,置于胸部,并向上一提,表示提心吊胆。

讨厌

一手拇指、食指在鼻翼处相捏,然后向外用力一甩,脸露厌恶的表情。

不顾（不管）

右手掌贴于左手臂上并向下一甩。

不能

右手食指横伸，用力向下一甩。（可根据实际情况模仿不能做的动作）

① ②

自豪

① 一手食指直立，贴于胸部。
② 双手伸出拇指，在胸前向上一挑，面露自豪表情。

 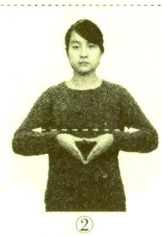

① ②

直爽

① 一手侧立，向前一伸。
② 双手先搭成"爱心"形置于胸部，再向两侧张开。

三、行为类拓展词语

行为（行动）

双手握拳，屈肘，前后交替转动几下。

搬家

双手搭成"∧"形，由一侧向另一侧移动。

查询

① 双手拇指、食指、中指相捏,手背向上,在胸前上下交替动几下。
② 一手食指直立,自嘴部向前一挥。

强调

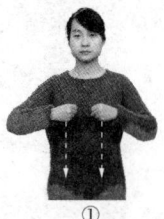 

① 双手握拳,屈肘,然后双手向下一顿。
② 一手食指横伸,在唇前转动几下。

参考

双手斜伸,掌心向内,置于胸前,头部左右微动几下,眼睛如看材料状。

欣赏

右手打手指字母"X"的指式,置于眼前并微转;眼睛注视右手的动作,同时面带微笑,模仿欣赏的神态。

支援

① 左手食指直立;右手平伸,掌心向下,指尖抵于左手食指根部,并向前一推。
② 双手斜伸,掌心向下,拍动两下。

答应

一手直立,掌心向外,食指、中指、无名指、小指弯曲两下,头同时向前微点,表示应允。

打扰

① 一手握拳向前推一下。

② 双手五指相捏,手背向外,两手先互碰一下,再分别向两侧移动并放开五指。

等候

一手横伸,手背贴于颌下。

发现

一手拇指、食指相捏置于眼前,然后食指向前伸出。

模仿

① 双手手背拱起相合,左右摇动几下。

② 双手拇指、食指搭成"口"字形,向身体一侧移动一下。

提醒

① 一手食指横伸,自口部向前移出。

② 一手食指指尖低于太阳穴处,同时头微微抬起。

同意

① 双手食指横伸,指尖相对,从身体两侧向中间交替移动。

② 一手食指横伸。

商量

① 一手食指横伸,在唇前转动几下。
② 左手掌心向上横伸;右手伸拇指、食指、中指,食指、中指并拢,指尖朝下在左手掌心上转两下。

寻找

一手食指、中指分开,指尖朝前,在面前螺旋状转动,目光随着手移动。

掌握(把握)

左手掌心向上横伸;右手侧立,五指微曲张开,边向左手掌心移动边握拳。

证明

① 双手平伸,掌心向上,从两侧向中间移动,并互碰一下。
② 左手掌心向上横伸;右手平伸,掌心向下贴于左手掌,边向外移动边伸出拇指。

准备(筹备)

双手横伸,掌心向下,右手掌边拍左手背,边向身体左侧移动。

追求

① 双手伸食指,指尖朝前,左手在前不动,右手由后向前移动。
② 双手抱拳,前后微动两下。

实际
① 左手食指横伸；右手食指、中指相叠，敲一下左手食指。
② 一手打手指字母"J"的指式。

个别
① 左手拇指、食指与右手食指搭成"个"字形。
② 一手食指直立，一顿一顿地向身体一侧移动几下。

安排
① 一手横伸，掌心向下，自胸部向下一按。
② 双手直立，五指分开，两手一前一后排成一列。

方式
① 双手拇指、食指搭成"口"字形。
② 一手打手指字母"SH"的指式，并水平移动一下。

平均
① 双手平伸，掌心向下，由中间向两侧移动。
② 双手五指搭成"⊏⊐"形，象征均等。

讽刺
左手横伸遮掩口部；右手食指向左手外指几下，面露嘲笑表情。

舍不得
右手握住左手，并同时向身体两侧来回微移几下，脸露不舍的表情。

戏弄
左手伸拇指、小指；右手五指撮合在左手拇指上转动几下，象征对他人耍手腕。

① ②

报答
① 双手平伸，掌心向上，同时向前伸。
② 一手伸拇指并向前弯曲两下。

发明（创造）
一手握拳贴于太阳穴旁，然后向前移动并张开五指。

① ②

纪念
① 一手打手指字母"J"的指式置于额前。
② 一手手掌拍一下前额。

练习

用手语打出下列句子

1. 我们要学会表达自己的感情。
2. 诚实是人最好的品格。
3. 我们没有理由自卑，也没有理由骄傲。
4. 事物的发展是有规律的，我们要相信科学。
5. 残疾人是客观存在的特殊弱势群体。
6. 大学生要多参加社会实践，增强社会适应能力。

第十节　数学、物理、化学、信息技术、生物类拓展词语

一、数学类拓展词语

算术（计算）
双手直立，手背向外，五指分开，交替抖动几下，同时双手互碰。

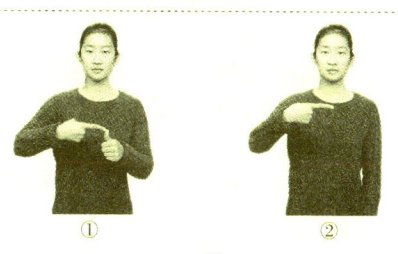

第一届
① 左手伸拇指；右手伸食指敲一下左手拇指指尖。
② 一手食指横伸。
③ 一手打手指字母"J"的指式。

命题
① 一手食指、中指并拢直立，向下挥动。
② 左手横立，五指分开；右手拇指、食指相距约2厘米，在左手拇指旁向右划一下。

增加
左手侧立；右手拇指、食指捏成小圆圈，虎口朝左贴向左手掌心。

减少
① 双手直立，掌心向外，然后五指逐渐并拢。
② 一手拇指弹一下食指尖。

剩余

① 左手横立；右手在左手掌内向下刮一下。
② 双手横伸，掌心向下，右手拍一下左手背，同时向下一按。

距离

双手横立，掌心向内，左手在后不动，右手向前移动一下。

应用题

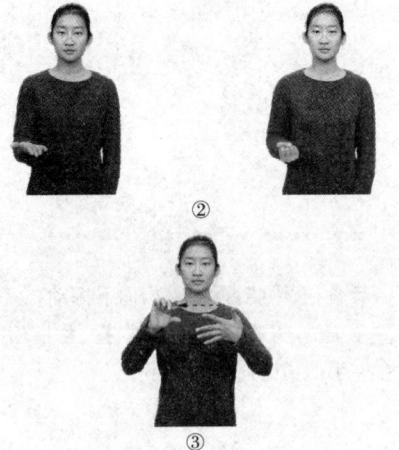

① 一手食指、中指指背交替弹击下颏。
② 一手平伸，掌心向上，边向后移动边收拢五指。
③ 左手横立，五指分开；右手拇指、食指相距2厘米，在左手拇指旁向右划一下。

阐明（说明）

① 一手食指横伸，在嘴前转动几下。
② 左手掌心向上横伸；右手平伸，掌心向下贴于左手掌，边向外移动边伸出拇指。

综合

双手张开，五指微曲，掌心相对，边由身体两侧向中间做弧形移动边双手合拢。

面积
① 左手横立；右手抚摸一下左手背。
② 一手打手指字母"J"的指式。

速度
左手食指直立；右手拇指、食指相捏，由一侧向另一侧快速挥动一下。

二、物理类拓展词语

重量
① 双手平伸，掌心向上，同时向下一顿。
② 一手直立，掌心向内，五指分开并交替抖动几下。

沸腾
双手平伸，五指弯曲，指尖朝上，边上下微动边一张一缩。

激光
① 一手打手指字母"J"的指式。
② 一手五指撮合，指尖朝前，边向前微移边放开五指。

投影

① 左手侧立;右手五指撮合置于右上方,指尖对着左手掌心,然后放开,如光线照射。
② 左手姿势不变;右手伸食指在左手背后下方划一圆圈,表示影子。

真空

① 左手食指横伸;右手伸食指,向下敲一下左手食指。
② 左手掌心向上横伸;右手侧立,从左手掌心上刮过。

传递

左手掌心向上平伸;右手五指相捏,指尖朝下,从左手掌心做递物状,然后左手再向外伸出。

声音

一手食指直立,在耳边左右动几下。

分贝(dB)

① 右手食指直立,拇指与其他手指相捏,仿小写字母"d"的形状。
② 一手打手指字母"B"的指式。

频道

① 一手食指做横向波浪状移动。
② 双手侧立,掌心相对,同时向前伸出。

阻力

① 左手横立;右手直立,掌心抵住左手指尖,然后向左一推。
② 一手握拳,屈肘,手向内弯动一下。

指南针
　　左手拇指、食指捏成圆形,虎口朝上;右手食指置于左手圆形上,并左右转动几下。

三、化学类拓展词语

液体
① 一手横伸,掌心向下,向一侧做波浪状移动。
② 一手贴于胸部,向下微移。

气体
① 一手打手指字母"Q"的指式,指尖朝内置于鼻孔处。
② 同"液体"手势②。

化学
① 一手打手指字母"H"的指式,横向微移一下。
② 一手打手指字母"X"的指式。

配方
① 双手横立,五指分开,由身体两侧向中间移动并互相交叉夹住。
② 双手伸出拇指、食指搭成"方"形。

空气
① 一手食指直立,在头前上方转一圈。
② 一手打手指字母"Q"的指式,置于鼻孔。

氧气
① 一手指直立书空"O"。
② 一手打手指字母"Q"的指式,置于鼻孔处。

四、信息技术类拓展词语

网络
① 双手五指分开,交叉相叠,手背向外,然后向斜下方微移一下。
② 双手拇指、食指相互套住,在胸前转一圈。

顺序
左手侧立,五指分开;右手食指自左手拇指向下划动。

密码
① 一手食指、中指相叠贴于嘴部。
② 左手拇指、食指搭成"⊏"形;右手手背向外,五指直立分开,在"⊏"形内从左向右连续抖动手指,表示一串密码。

号码
① 一手直立,五指微曲,虎口贴于嘴部。
② 同"密码"手势②。

编码
① 双手平伸,掌心向下,五指一张一捏,上下交替动几下。
② 同"密码"手势②。

五、生物类拓展词语

生命
① 一手打手指字母"SH"的指式。
② 右手按于左胸心脏部位，象征生命。

宠物
① 左手伸拇指贴于胸部；右手轻轻抚摸左手背，同时面带和蔼的表情。
② 双手食指朝前，指尖互碰一下，然后向两侧分开，再张开五指。

发育
① 双手五指撮合，指尖朝上，同时向上移动并张开五指。
② 一手平伸，掌心向下，向上移动。

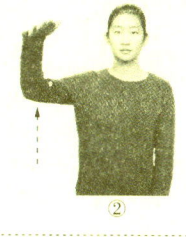

遗传
① 左手横立，五指分开；右手拇指、食指、中指撮合，自左手拇指起依次向下移动，象征代代相传。
② 双手食指一上一下，指尖斜向相对，同时向下移动。

解剖
① 左手横伸，掌心向下；右手食指、中指并拢，指尖朝下在左手背上划一下。
② 双手微曲，指尖朝下，手背相对，从中间分别向两侧做扒开的动作。

标本
① 左手食指直立；右手侧立，指尖对准左手食指。
② 一手打手指字母"B"的指式。

死亡
一手拇指、小指先直立，手背向外，然后向后倾倒。

熊猫
① 双手平伸，掌心向下，两手一前一后交替向前伸，模仿熊走动的姿态。
② 双手拇指、食指呈半圆形，贴在双眼上，表示熊猫黑色的眼圈。

骆驼
一手五指撮合呈尖形，指尖朝前，一起一伏地向前移动，表示骆驼的头和走路的姿态。

蜻蜓
左手食指、中指两指与右手食指搭成"干"字形，手背向上，然后做不规则移动，仿蜻蜓飞行状。

苍蝇
① 双手虚撮，指尖贴于额部，表示苍蝇的眼睛。
② 双手拇指交叉相搭，其他手指扇动，如双翅飞行状。

翅膀
左手侧伸，上下扇动几下，同时右手食指指一下扇动的左手臂。

孔雀
① 一手伸拇指、食指，指尖相捏，手背贴于嘴部。
② 双手交叉互叠，掌心向外，指尖朝上，向身体两侧做扇形张开，仿孔雀开屏状。

① ②

蚂蚁
① 一手打手指字母"M"的指式。
② 左手平伸，掌心向上；右手伸拇指、食指相捏，在左手掌心向前缓慢移动。

① ②

植物
① 左手横伸，掌心向下，手背向上；右手直立，手背贴于左手，五指分开边交替抖动，边向左手食指尖处移动，表示地上的植物。
② 双手食指朝前，指尖互碰一下，然后向两侧分开，并张开五指。

 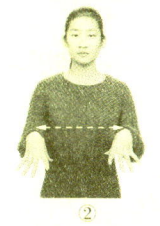
① ②

刺猬
左手五指撮合呈尖形，指尖朝右；右手五指分开，手背贴于左手虎口处，指尖斜向右上方，并向上移动一下。

蚊子
左手横伸握拳平放，拳心向下；右手伸拇指、食指、小指，食指指尖在左手背上点一下，表示蚊子叮人。

凤凰
左手拇指、食指相捏，其余三指张开，指尖斜向左前方；右手拇指弯曲贴于掌心，其他四指分开，自左手腕部向后做"波浪"形移动，表示凤凰的尾巴。

壁虎
① 左手横立，自上而下移动，表示一堵墙。
② 双手直立，掌心向外，五指微曲张开，交替向上做爬行状，表示壁虎在墙上爬动。

① ②

蚯蚓

左手横伸,五指分开,掌心向下;右手食指在左手指缝间上下钻行蠕动,模拟蚯蚓在土中的活动。

蟑螂

① 左手横伸,掌心向上;右手拇指、食指、中指相捏,指尖朝下按于左手掌心上。"章"与"蟑"同音,借代。

② 一手食指横伸,一伸一屈做蠕动状,仿昆虫爬行。

树木

双手拇指、食指相搭呈大圆形,向上移动。

花蕾

① 一手五指撮合,指尖朝上,然后放开五指。

② 一手五指捏成圆球,指尖朝上,象征花骨朵。

盆景

① 双手拇指、食指搭成大圆形,自下而上稍移,如盆子状。

② 一手五指撮合,指尖朝上,然后放开五指。

 练习

用手语打出下列句子

1. 水是无色无味的液体。
2. 我们学校新进了一批电脑。
3. 我喜欢物理,但不喜欢数学。
4. 指南针是我国的四大发明之一。
5. 我化学学得不好,你能帮帮我吗?
6. 凤凰是中国古代传说中的百鸟之王。
7. 熊猫是我国的一级保护动物。
8. 没有付出就没有收获。
9. 盆景是以植物和山石为基本材料,在盆内表现自然景观的艺术品。
10. 蜗牛是世界上牙齿最多的动物,有 26 000 颗左右的牙齿。

第十一节 天文、地理类拓展词语

一、天文类拓展词语

旱灾
① 左手食指、中指与右手食指搭成"干"字形，右手食指再向下移，表示干旱。
② 一手打手指字母"Z"的指式，然后伸小指向下甩一下。

地震
① 一手食指向下指。
② 双手平伸，五指张开，掌心向下，同时横向晃动几下。

二、地理类拓展词语

海峡
① 双手横伸，掌心向下，向身体两侧做波浪状移动。
② 双手倾斜，掌心相对，向前做上宽下窄状移动，仿沟的形状。

主流
① 一手伸拇指贴于胸部。
② 同"水"的手势。

钻石
　　左手横伸,掌心向下;右手五指撮合呈尖状,指尖朝上,置于左手指背上,然后五指放开,象征钻石的光芒。

石油
　　① 左手握拳,手背向上;右手食指、中指弯曲,以指骨节在左手背上敲两下。
　　② 一手打手指字母"Y"的指式,拇指朝下顺时针横向转一圈。

无锡
　　右手五指微曲张开,指尖向上,置于左侧胸前。

苏州
　　① 一手五指撮合,手背向下。
　　② 左手中指、无名指、小指分开,指尖朝下;右手食指横于左手三指间,仿"州"字形。

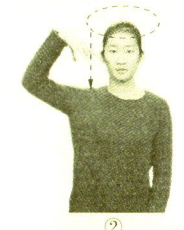

内蒙古
　　① 左手横立,手背向外;右手食指指尖朝上,在左手掌内向下移动。
　　② 一手虚握,指尖朝下,绕头部一圈,并放开五指,如内蒙古人以头饰缠头状。

黑龙江
　　① 一手打手指字母"H"的指式,并摸一下头发。
　　② 双手拇指、食指相捏,从鼻下两侧向外移动,象征龙的两条长须。
　　③ 双手侧立,掌心相对,相距约 30 厘米,向前做曲线形移动。

吉林
① 一手打手指字母"J"的指式。
② 双手拇指、食指搭成圆形,向上移动两次。

辽宁
① 双手伸拇指、食指;左手食指横伸,右手食指垂直于左手食指之上,仿"辽"字形。
② 一手打手指字母"N"的指式。

广西
① 双手平伸,掌心向上,在腰部两侧碰几下。
② 右手横立,指尖朝左。

陕西
① 双手伸拇指、食指、小指,手背向上叠在一起,左手在下不动,右手向上移,象征西安大雁塔。
② 右手横立,指尖朝左。

宁夏
① 一手打手指字母"N"的指式。
② 左手握拳,手背向上;右手伸食指在左拳中指骨节处点一下。

甘肃
一手食指直立,贴于嘴部并向斜上方移动,如用嘴剥甘蔗皮的动作。

贵州
① 左手拇指、食指捏成圆形;右手食指在圆形中划一竖线,再在底部画一横线,仿"贵"字的上半部。
② 左手中指、无名指、小指分开,指尖朝下;右手食指横于左手三指间,仿"州"字形。

云南

① 右手五指微曲搭成"冖"形,在头部上方转一圈,表示天上有云。
② 右手五指并拢,掌心向左,指尖朝下,置于腹前。

石家庄

① 左手握拳,手背向上;右手食指、中指弯曲,以指背骨节在左手背上敲两下。
② 双手搭成"∧"形。

太原

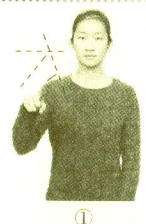 

① 一手食指书空"太"字。
② 一手拇指、食指捏成圆形。

呼和浩特

① 一手拇指、食指捏成小圆圈,先贴在嘴上再向外移动。
② 双手食指直立,指面相对,边弯动边由中间向两侧移动。

哈尔滨

一手打手指字母"H"的指式,并拨一下耳垂。

沈阳

一手食指弯曲如钩,贴在太阳穴上。

济南

① 一手打手指字母"J"的指式。
② 同"云南"手势②。

合肥

① 双手直立,五指弯曲,掌心相对,从身体两侧向中间合拢。

② 左手横伸,手背向上;右手搭成"匚"形,指尖朝前,在左手背上划动一下。

南昌

① 右手五指并拢,掌心向左,指尖朝下,置于腹前。

② 左手拇指、食指与右手食指搭成"日"字形,再向下移,仿"昌"字形。

郑州

左手食指横伸;右手五指撮合,捏住左手食指指尖。

武汉

左手掌心向上横伸;右手伸拇指、食指、小指,置于左手掌心上,表示武汉三镇。

南宁

① 同"南昌"手势①。

② 一手打手指字母"N"的指式。

西安

① 右手横立,指尖朝左。

② 一手横伸,掌心向下,自胸部向下一按。

银川

① 左手握拳,虎口朝上;右手打手指字母"Y"的指式,以腕部碰一下左拳。

② 一手中指、无名指、小指分开,指尖朝下,仿"川"字形。

成都

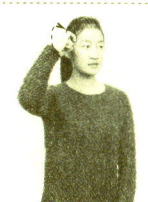

一手食指、中指并拢,弯曲如钩,置于太阳穴旁,腕部左右转动两下。

拉萨

双手搭成"∧"形,然后向两边移动;边移动,边伸拇指和小指,指尖朝上如屋檐形。(因拉萨多寺庙,故以寺庙屋檐表示拉萨)

台北

双手伸拇指、食指,食指指尖朝上,手背向外,互碰一下。

高雄

① 双手拇指、食指弯曲,虎口朝内,置于脸前,然后向下微移。
② 双手食指弯曲,其他手指相捏,虎口朝上,置于身前。

秦皇岛

① 一手五指分开,食指、中指、无名指、小指指尖朝下,腕部贴于额头,仿秦始皇戴的皇冠。
② 左手打手指字母"D"的指式;右手横伸,五指张开,掌心向下,绕左手做波浪状转动。

景德镇

① 一手五指分开,掌心向内,在面前转动一下。
② 一手打手指字母"D"的指式。
③ 一手打手指字母"ZH"的指式,并向下一顿。

厦门

① 左手握拳，手背向外；右手食指在左拳中指骨节处点一下。
② 双手并排直立，掌心向外。

汕头

右手伸拇指、食指、小指，手背向外，贴于太阳穴处。

珠海

① 左手横伸，掌心向上；右手拇指、食指捏成小圆圈，置于左手掌心上微微晃动。
② 双手横伸，掌心向下，向身体两侧做波浪状移动。

西双版纳

① 左手横立，指尖朝左。
② 双手五指并拢朝下，手背向上，手腕交叉，然后左右交替划动。

井冈山

① 双手食指、中指搭成"井"字形。
② 双手握拳，两手一上一下，右拳向下砸一下左拳并向外移，"钢"与"冈"同音，借代。
③ 一手拇指、食指、小指直立，手背向外。

延安

① 双手伸拇指、食指、小指，手背向上叠在一起，左手在下不动，右手一顿一顿地向上移动。
② 一手横伸，掌心向下，自胸部向下一按。

故宫

① 一手打手指字母"G"的指式。

② 一手打手指字母"U"的指式。

③ 双手搭成"∧"形,然后向两边移动;边移动,边伸拇指和小指,指尖朝上如屋檐形。

敦煌

左手伸拇指、小指,指尖朝上,手背向外;右手食指、中指分开,从左手拇指、小指间向右做曲线移动,仿敦煌壁画中的"飞天"形象。

泰山

① 一手打手指字母"T"的指式。

② 一手拇指、食指、小指直立,手背向外。

庐山

① 一手打手指字母"L"和"U"的指式。

② 一手拇指、食指、小指直立,手背向外。

峨眉山

① 一手打手指字母"E"的指式。

② 一手食指顺眉毛横划一下。

③ 一手拇指、食指、小指直立,手背向外。

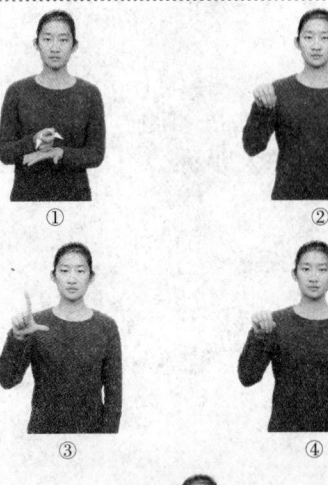

珠穆朗玛峰

① 左手横伸,掌心向上;右手拇指、食指捏成小圆圈,置于左手掌心上微微晃动。

② 一手打手指字母"M"的指式。

③ 一手打手指字母"L"的指式。

④ 一手打手指字母"M"的指式。

⑤ 同"山峰"手势,右手斜伸,掌心向左,手先从下至上移动再自上而下移动,如山峰状。

渤海

① 一手打手指字母"B"的指式。

② 双手横伸,掌心向下,向双侧做波浪状移动。

运河

① 双手横伸,五指微曲,掌心向上,向身体两侧交错移动。

② 双手侧立,掌心相对,间距约20厘米,向前做曲线形运动。

少林寺
① 一手平伸，掌心向下一按。
② 双手拇指、食指搭成大圆形，向上移动两次。
③ 双手搭成"∧"形。

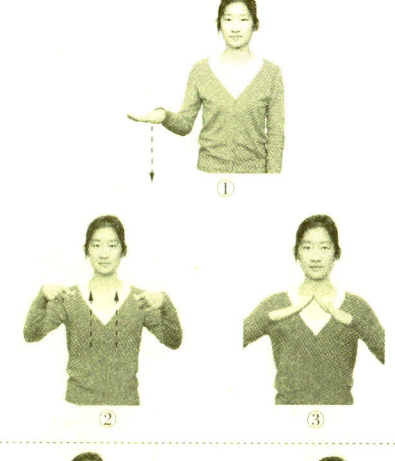

青海
① 一手打手指字母"Q"的指式，从胸侧向下一划。
② 双手横伸，掌心向下，同时向身体两侧做波浪形移动。

兰州
① 一手打手指字母"L"的指式，并从胸侧向下划。
② 右手中指、无名指、小指分开，指尖朝下；左手食指横于左手三指间，仿"州"字形。

国际
左手握拳，手背向外；右手打手指字母"G"的指式，自上而下绕左拳一圈。

朝鲜
右手五指分开，自额部向头侧部做弧形下移。（此为国际手语）

美国
双手五指伸开，食指、中指、无名指、小指斜向交叉夹住，在腹部转动一圈。（此为国际手语）

英国
右手拇指、食指张开,手背向外,虎口贴在下颌上。(此为国际手语)

德国
右手食指直立,手背贴在前额正中。(此为国际手语)

意大利
右手拇指、食指搭成"冂"形,虎口向上,指尖向前,自胸部向下做曲线移动。(此为国际手语)

南非
① 右手握拳横放于胸前,手背向上。
② 右手伸拇指,拇指指尖对着鼻子。(此为国际手语)

欧洲
右手五指捏成圆形,由左胸部向右腹部划两个圆弧形。(此为国际手语)

印度
右手伸拇指,指尖抵于双眉中间。(此为国际手语)

东京
双手伸拇指、食指,食指指尖朝上,掌心向外,向上移动一下。(此为国际手语)

巴黎
　　双手食指、中指分开,指尖朝上斜对,然后边向上移动边逐步靠近,模仿埃菲尔铁塔形状。(此为国际手语)

华盛顿
　　右手食指、中指、无名指张开,中指在上,食指、无名指在下呈三角状,指尖对着右肩部,然后旋转移出,变为指尖朝上。(此为国际手语)

纽约
　　左手平伸,掌心向上;右手手背向上,拇指、小指伸出贴于左掌心,前后移动两下。(此为国际手语)

悉尼
　　左手弯曲,指尖斜向左上方,手背向右;右手五指并拢弯曲,在左手旁连续自上而下划动两下,模仿悉尼歌剧院外观。(此为国际手语)

俄罗斯
　　右手食指横伸,手背向下贴于颏下,然后向右移动一下。(此为国际手语)

 练习

用手语打出下列句子

1. 加拿大领土面积位居世界第二。
2. 我国有几千年的历史文明,考古学家发现了许多文物、古迹。
3. 我们要保护地球的生态环境,它是我们共同的家园。
4. 南京是中国著名的古都及历史文化名城。
5. 厦门、汕头、珠海都是沿海城市。
6. 云南的西双版纳是旅游的好地方。

第六章　场景手语对话练习（二）

学习目标
- 能用手语熟练地打出场景对话所表达的内容。
- 能看懂情景对话所表达的主要意思,并快速地进行口译。

范例 1

甲:嗨,好久不见了,你好吗?
乙:很好。你呢?
甲:也很好。最近在忙什么?
乙:我想考大学。
甲:噢,准备得怎么样了?
乙:数学还可以,但是语文有难度,特别是作文比较难,总觉得脑子里空空的,好像没什么好写的。
甲:不要紧张。你可以向老师请教方法,回去后多练习,注意搜集一些资料,相信自己,祝你成功!
乙:谢谢!

范例 2

甲:你们这学期课多吗?
乙:很少,所以我周末都去兼职了。
甲:兼职?是做什么工作?
乙:我在给特殊孩子做家教。
甲:为什么会想去兼职呢?
乙:因为我的课余时间很多,我觉得做家教可以锻炼自己的能力,也可以增加教学经验。
甲:嗯,这样挺好的。

范例 3

甲:你好,你想买什么?

乙：我随便看看。
甲：最近刚来了一批款式新颖的衣服，你可以试一试。
乙：这件大衣多少钱？
甲：280元。
乙：太贵了。可以便宜点吗？
甲：我们这儿所有商品打八折。
乙：好，就买这件吧。

范例4
甲：请问南京市残联怎么走？
乙：沿着这条路往前走，路口右拐就到了。
甲：谢谢你。
乙：不用谢。

范例5
甲：你到这个学校来有什么感想？
乙：上大学了，感觉很开心。
甲：那大学生活和高中生活有什么区别？
乙：高中生活很紧张，大学生活很充实。
甲：你和健听人之间交流方便吗？
乙：还可以。这儿的很多学生都在学手语，交流起来很方便。
甲：噢，祝贺你这么快就适应了大学生活。希望你继续努力，多学点专业知识与技能，争取找一份好工作。
乙：我会珍惜这来之不易的学习机会。谢谢！

范例6
甲：你好，请问你们这儿需要招聘人吗？
乙：是的，你有这方面的经验吗？
甲：我以前学过美容美发，并在美容店实习过两个月。
乙：你对工作待遇有什么要求？
甲：试用期间先给点生活费就可以了，如果觉得行再给我加工资。
乙：好，那你明天来上班吧。
甲：谢谢，我会努力的，也希望你们能对我多加指导。
乙：OK！好好干。

范例7
甲：你好，请问你要买什么？
乙：我想买一个微波炉。
甲：你看看这种，比较适合家用。

乙:多少钱?

甲:420元。

乙:好,你开票吧。

甲:请到收银台去付钱,收银台在那边。

乙:谢谢!

范例8

甲:哎,最近过得怎么样?

乙:比较忙,要复习准备期末考试了。我希望取得好成绩向爸爸妈妈汇报。

甲:考完了就回家吗?

乙:可能要延迟几天才回去。

甲:为什么?

乙:我有两个同学从重庆过来,我想带他们在南京玩一玩。

甲:可以,但你要跟你爸爸妈妈打个招呼,免得他们为你担心。

乙:好的。

范例9

甲:你好,我叫小红,来自江苏常州。你呢?

乙:我叫李强,来自北京。

甲:家里有哪些人?

乙:爸爸、妈妈,还有一个妹妹。

甲:妹妹也是聋人吗?

乙:是健听人。她对我很关心,常常和我一起看书、做游戏。

甲:你要好好学习,将来找一份工作,能自立于社会。

乙:谢谢。我会努力的。

范例10

甲:你好,我想请你帮个忙?

乙:什么事情?

甲:天冷了,我想去买件羽绒服,想请你做我的手语翻译。

乙:当然可以。那你想去哪儿呢?

甲:新街口怎么样?

乙:可以。那儿有中央商场和新街口百货商店,东西质量不错,价格也不贵。

甲:星期六中午就去,可以吗?

乙:好的。

范例11

甲:请问有什么事吗?

乙:我单位最近倒闭了,想请你们帮忙介绍一份工作。

甲:带残疾证、身份证了吗?

乙:带了。

甲:请填写求职登记表,把你的情况介绍清楚。你有什么技能或特长吗?

乙:我文化程度不高,学过服装设计,后来又学过电脑,在刚刚结束的全国第四届残疾人职业技能大赛服装设计组比赛中获得第二名。

甲:有一技之长很好。我们会不定期举办残疾人专场招聘会,你可以来试一试。

甲:你对应聘的工作有什么特别的要求吗?比如工资、工作地址等,如果去外地工作,你愿意吗?

乙:工资一个月一千五左右。因为要照顾小孩、家庭,去外地不方便,我还是希望能留在本地工作。

甲:好的,留下你的联系方式,一有消息我们会尽快通知你的。

乙:谢谢!我会好好工作的。

范例 12

爸爸:读大学已经有一年了,你觉得大学生活怎么样?

儿子:很好,终于圆了大学梦,感觉很开心。

妈妈:这个暑假,你打算怎么过?

儿子:我已经安排好了,我想先完成老师布置的暑假作业,每天坚持写日记,多看点课外书,还想见见以前的同学,再学着做些家务;八月份我想主要的任务就是观看奥运比赛,真希望我们中国能多拿冠军。

爸爸:很好。你已经学会安排时间了,希望你过一个轻松、快乐而又有意义的暑假。

儿子:谢谢爸爸、妈妈的关心。

范例 13

甲:晚上好!欢迎来到绿色度假(村)。有什么需要帮助的吗?

乙:我想预订一个房间。

甲:我能看一下你的证件吗?

乙:可以,给。

甲:请填一下登记表。

乙:好的。这里住一晚要多少钱?

甲:120元。

乙:能使用信用卡吗?

甲:可以。这是603的房卡,服务员会带你去房间的。

乙:谢谢。我明天离开,什么时候办理退房手续?

甲:上午12点以前。

乙:好的,我知道了。

范例 14

甲:欢迎光临康星旅行社。有什么可以为您服务的吗?

乙：听说你们组织了一个聋人旅行团，到乌镇玩，能给我简单介绍一下吗？

甲：当然可以。我们的团后天出发，时间是两天一夜，先到乌镇，再去西塘，这两个都是江南古镇，这是具体的资料，你看一下。

乙：费用大概是多少？

甲：580元，食宿全包。这是有关乌镇的图片，你看一下。

乙：看起来很漂亮。这个团有几个人参加？

甲：这次共有7人，你还有什么问题吗？

乙：我决定参加，给我办手续吧！

甲：好的。这些资料你可以带回去，先了解一下情况，到时我们还会具体介绍，有问题给我发信息。

乙：好的。多谢了。

第七章　同声传译

 学习目标

- 将所听到的录音,用手语表现出来,手势动作要准确、连贯。
- 注意重点词语和句子的翻译,特别是需要意译的部分要做到与上下文语境结合。

范例 1

同学们！你们能进入大学学习,体现了国家对残疾人的关怀,是国家为聋人进一步提高文化水平、培养专业技能及自我创业、自我发展能力创造了条件。希望你们珍惜这三年的学习时光,刻苦学习专业文化知识,积极主动参与实践,遵守学校的一切规章制度,尊敬老师、团结同学,使自己成为有一技之长,具有健康的心理、良好思想品德和行为习惯的人,为将来能自立于社会、为社会贡献力量、体现自己的人生价值而努力。

相关词语手语图示

培养
左手握拳,虎口朝上,右手打出手指字母"P"的指式,在左手虎口上来回扫动。

条件
左手平伸,掌心向上,右手伸食指放入左手掌心,左手手指依次弯曲握拳。

珍惜（珍爱）

① 左手平伸，掌心向上，右手拇指、食指相捏成圆形置于左手掌心上。
② 左手伸拇指；右手抚摸左手拇指指背。

一技之长

① 双手横伸，掌心向下，两手互拍手背。
② 双手食指直立，指面相对，从中间向两侧拉开。

价值

① 左手拇指、食指捏成小圆圈；右手伸食指敲一下左手拇指。
② 左手食指直立；右手食指横于左手食指处，并上下移动几下。

范例 2

我们从祖国的大江南北走来，从祖国的五湖四海走来，抱着一颗为祖国特殊教育事业献身的共同决心走到了一起。我坚信我们的人生选择是正确的，从事特殊教育事业是我们共同的追求，无悔的选择。

我们不但要学习语文、数学、外语、现代教育技术等基础课程，还要学习心理学、教育学、盲文、手语、残疾人诊断与评估等专业课程，了解残疾儿童的生理、心理发展特点，初步掌握特殊儿童教育、教学的规律，为中国特殊教育事业贡献自己的力量。

相关词语手语图示

走到了一起

双手食指、中指分开，指尖朝下，从身体两侧交替向前、向中间移动。

坚信

① 右手食指指尖顶于脸颊部，面露坚定表情。
② 左手搭成"⊐"状，虎口朝上，右手五指并拢插入左手虎口处。

无悔
① 右手拇指、食指相捏成圆形，其他三指指尖朝上，左右晃动表示"没有"。
② 右手伸小指置于右侧额部，表示"后悔"。

课程
① 双手斜伸，掌心向内，置于胸前如读书状。
② 右手握拳，虎口朝上，然后依次伸出拇指、食指、中指、无名指、小指。

了解
左手虚握右手手腕，右手五指张开并转动手腕。

掌握
左手横伸，掌心向上；右手侧立，五指微曲张开，边向左手掌心移动边握拳。

范例 3

哪些行为是礼貌的行为呢？遇见老师、同学、熟人时说"您好"，分手时说"再见"，这是礼貌行为。乘车时，看见老人、小孩或抱小孩的妇女，主动让座，这是礼貌行为；在图书馆、办公室、休息室等地方保持安静，这是礼貌行为；听报告、上课的时候不随便讲话，这也是礼貌行为。有的同学看到别人的缺点或看到别人摔跤了，还嘲笑对方，这是不礼貌的行为。如果尊敬别人，关心别人，尊重别人的劳动，这样就会对别人有礼貌了。

相关词语手语图示

安静
双手五指张开，掌心向上，边往下移动边收拢五指。

摔跤

① 右手食指、中指分开，指尖朝下，交替向前移动。
② 右手伸拇指、小指，拇指朝上之后往右倒下表示"摔倒"。

嘲笑

左手捂住嘴，右手伸食指在左手背前晃动，表示"嘲笑"。

尊敬

① 左手掌心向上横伸；右手伸拇指置于左手掌心上，左手向上一抬。
② 一手五指并拢贴于额际，如军人行军礼状。

缺点

① 一手伸小指，指尖朝上，向前移动一下。
② 左手掌心向上横伸；右手食指指尖朝下在左手掌心上点一下。

范例 4

人生路上总会面临许多选择，我们也正是在一次次的选择中渐渐成长起来的，我的选择是做一名手语翻译员。当今社会，随着经济的迅速发展，人民生活水平的提高，越来越多的人关注到残疾人事业，而手语翻译员正是健听人与聋人之间进行沟通与交流的桥梁，手语翻译员将渐渐显现出他在社会中的地位。

正是这个选择，让我认识了一个新的集体，和同学们愉快地学习、生活，也让我渐渐熟悉了聋人这个特殊的社会群体，感受到"手语翻译"这个职业的重要性。希望我能用学到的知识，很快地融入这个聋人群体，更好地为他们服务。

相关词语手语图示

 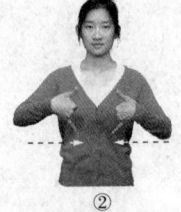

面临

① 左手横伸，掌心向下，右手抚摸一下左手背。
② 双手伸拇指、小指，拇指朝上，然后同时由身体两侧向中间移动。

选择
　　左手直立,手背朝外,五指分开;右手拇指、食指捏住左手食指,然后向上一提。

迅速
　　右手拇指、食指相捏成小圆,从右向左快速划动,如流星一般,表示速度快。

显现
　　双手直立,掌心向内,左手不动,右手向内移动一下。

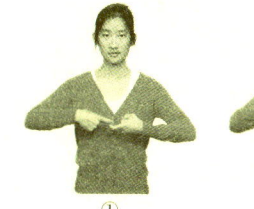
沟通
　　① 双手食指互相勾住。
　　② 双手食指横伸,指尖相对,由两侧向中间交错移动。

融入
　　左手直立,掌心向右;右手伸拇指、小指,向左手掌心靠拢,表示加入一个群体的意思。

范例 5

　　2013 年 8 月 16 日,全亚洲乃至世界青少年的目光聚焦在古都南京,第二届亚洲青年运动会在这里精彩开幕,亚青圣火在南京奥体中心体育馆点燃!中共中央政治局委员、中华人民共和国国务院副总理刘延东出席并宣布开幕。

　　亚青开幕式,少不了南京元素:明孝陵、玄武湖、奥体中心、紫峰大厦……在开幕式前的最后 60 秒倒计时中,南京的地标建筑陆续登场,不少外国小运动员都兴高采烈地指着屏幕;市花"梅花"同样惊艳亮相;就连运动员的入场音乐,也融入了江苏传统民歌《茉莉花》。

　　开幕式节约、简约、青春、欢乐,具有古都特色,充满动感活力,呈现自然与人文之美。

相关词语手语图示

① ②

古都
① 双手拇指、食指搭成"古"的字形。
② 左手横伸,掌心向上;右手伸出拇指置于掌心上。

① ②

圣火
① 双手虚握成半圈,左手在下不动,右手向上移动。
② 左手保持不动,右手变为五指相捏,掌心朝上,然后打开。

① ②

点燃
① 左手横伸,掌心向上;右手食指在左手掌心上点一下。
② 双手五指撮合,指尖相对,虎口朝上,然后同时向上移动并张开手指。

① ②

明孝陵
① 右手伸食指从额前向外打出去。
② 左手伸拇指、小指,手背朝下;右手五指并拢,手背微曲,如拱形,置于左手上方。

玄武湖
双手虚握在胸前模仿划船的动作。

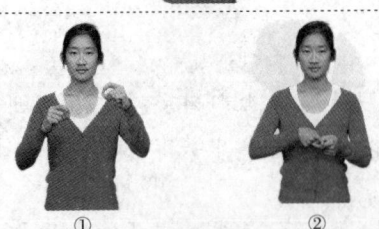

① ②

奥体中心
① 双手拇指、食指相捏成圆,左手不动;右手圆圈先打在左手圆圈右侧,然后向右移动一次,再在下方移动两次,仿奥林匹克的五环标志。
② 左手拇指、食指与右手食指搭成"中"字形。
③ 双手拇指、食指搭成"心"形置于胸前。

③

紫峰大厦

① 一手打手指字母"Z"的指式。
② 右手斜伸,掌心向左,由下而上再由上而下移动,如山峰形状。
③ 双手伸拇指和食指,掌心相对,同时向身体两侧移动一下。
④ 双手直立,掌心相对,慢慢向上移动。

倒计时

① 左手五指张开,掌心朝内。右手伸食指从左手小指开始依次点到拇指处。
② 双手直立,手背向外,五指分开,交替抖动几下,同时双手互碰。
③ 左手侧立;右手伸拇指、食指,拇指指尖抵于左手掌心,食指向下转动。

陆续

双手拇指、食指互相套住,向右下方斜移。

指着屏幕

左手侧立,掌心朝右,略高于眼睛;右手伸食指指向左手。

传统

双手五指撮合,指尖斜向相对,边向下移动边张开五指。

范例 6

2013年8月16日晚上8点,在全场观众的倒计时中,开幕式正式开始,青春序曲《让梦想起飞》拉开帷幕。

《让梦想起飞》以两个孩子"石头"和"阿亚"的成长故事为主线,带着现场观众随两个孩子穿越奇幻四季,追逐人生梦想,收获勇气和友谊,展现了青少年团结勇敢,充满智慧和活力的青春风采,其中"石头"之名来源于南京的别称"石头城","阿亚"则代表着亚洲各国的青少年,"石头"与"阿亚"的寻梦旅程代表的正是亚洲各国青少年的寻梦之旅。开幕式共分四个章节,分别是《冬·孕育》《春·奇遇》《夏·逐梦》《秋·分享》。尽管语言不通,文化不同,但全亚洲乃至全世界的小伙伴对开幕式的热情和感受是一样的,大家在亚青会上欢聚一堂,分享快乐。

相关词语手语图示

正式
① 双手直立,掌心相对,向前一顿。
② 一手打手指字母"SH"的指式,并横向微移一下。

故事
① 一手直立,掌心向后,五指微曲,向肩后挥动一下。
② 左手握拳,虎口朝上;右手伸拇指、食指置于左手虎口处。

交际
双手伸拇指、小指,指尖相对,左右交替移动几下。

友谊
① 双手伸拇指互碰几下,表示友好。
② 双手握在一起。

代表
① 双手食指直立,然后交叉互换位置,表示代替之意。
② 右手拇指、食指张开,相距约2厘米,指尖朝内,从左胸部向下划一下。

范例 7

亚洲青年运动会是亚奥理事会创设的综合性赛事,每 4 年举行一届,首届亚青会于 2009 年在新加坡举行。亚青会除竞赛外,注重青少年间的文化教育交流活动,希望借助亚青会推动奥林匹克运动在年轻人中的影响,看重运动员之间的交流以及和全亚洲青年朋友的互动,并以此让奥林匹克核心价值更广泛地被青年群体接受。

本届亚青会共设有游泳(含跳水)、田径、壁球、击剑、举重、篮球(3 人制)、乒乓球、足球、手球、柔道、跆拳道、羽毛球、网球、橄榄球(7 人制)、高尔夫球和射击共 16 个大项 122 个小项,共有来自亚洲 45 个国家和地区的 2 417 名运动员参赛。

相关词语手语图示

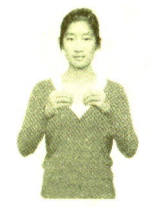 

影响
双手五指分别相捏,手背向外,两手指尖先互碰一下,然后分别向两侧移动,并张开五指,象征物体互碰产生声响,引申为影响。

互动
① 双手侧立,掌心相对,两手左右同时摆动几下。
② 双手握拳,屈肘,两臂前后交替转动几下。

核心
① 双手抱拳,象征果实的硬核。
② 双手拇指、食指搭成"心"形,置于胸部。

范例 8

记得还在我上幼儿园的时候,那时不太爱上学,每天都盼着周末回家可以出去玩。渐渐地,我就发现一到日历上是红字时,就不用上幼儿园了。于是,一个美好的设想在我脑中诞生了。一天,我趁妈妈不注意,偷偷爬上凳子,把日历上黑字的部分都撕下来,不一会工夫,一年的日历只剩下红字了。我跳下板凳,高兴地看着我的"杰作",想以后再也不用去上学了,心里美极了。

现在想想,当时的做法真是天真,但童年的记忆是美好的,童年的事回忆起来总是快乐的。我希望:自己永远可以以童真的心态来对待生活。

相关词语手语图示

不太爱
右手拇指、食指捏成半圆置于下巴处然后甩出去,面露厌烦表情。

① ②

偷偷爬上凳子
① 双手掌心朝下,两手一前一后向前移动。
② 左手直立,掌心向右,右手四指弯曲搭在左手掌心处。

都撕下来
左手直立,掌心向内;右手反复多次模仿撕纸动作。

① ②

不一会工夫
① 右手拇指、食指捏成圆圈,从身体右侧往左侧快速划动。
② 左手侧立;右手伸拇指、食指,拇指指尖抵于左手掌心,食指向下转动。

① ②

我跳下板凳
① 同"偷偷爬上凳子"手势②。
② 左手不动,右手伸食指、中指,指尖朝下。

高兴地看着我的"杰作"
左手竖立,掌心朝内;右手伸食指、中指,眼睛看向左手,脸上露出高兴的表情。

天真
① 一手食指直立,在头一侧上方转动一圈。
② 双手拇指、食指相捏分别置于两眼角处,头向左右各转动一次,两指随之做开合动作,模仿儿童天真的样子。

范例 9

人与人之间的关系很复杂,也很微妙。牙齿都有咬舌头的时候,因此,人与人之间产生误解也是不可避免的。

既然语言是最伤人的武器,那么我相信它也能成为最有效的沟通工具。我曾经被人误解过,但也误解过别人。当我被人误解时,我会直接找到他(她),一起把话说清楚。如果我误解了别人,那么我会找一个两人都熟悉的朋友做中间人,帮我向对方解释、道歉。我认为这样既避免了见面时的尴尬,也能避免中途发生不必要的麻烦。

相关词语手语图示

复杂
双手五指微曲,指尖相对,两手前后反向扭转几下。

帮我
双手掌心朝内按几下。

解释
① 一手食指横伸,在嘴部前后转动几下。
② 左手横伸,掌心向上;右手掌贴于左手掌心,边向外移动,边伸出拇指。

范例 10

爱因斯坦是 20 世纪伟大的科学家之一,他创立了相对论,在人类科学史上立下了不朽丰碑。人们都说他是伟大的天才,但是他自己却认为,"认真"是更重要的成功因素。在上小学时,他的成绩并不是很好,可是他学习非常认真。他认为:凡事只要认真去做,没有做不成的。老师布置的作业从不马虎,每次都认真完成,有时一次做不好就做两次,两次做不好就做三次,直到做好为止。

爱因斯坦认真学习和工作的态度,永远激励着所有献身于科学和社会进步的人们。他虽然逝世了,但他的智慧创造和伟大人格将永垂不朽!

相关词语手语图示

相对论
① 双手伸食指,掌心相对。
② 右手打手指字母"L"的指式,同时顺时针平行旋转一周。

马虎
① 一手食指直立,虎口贴于太阳穴,前后微动几下,仿马的耳朵。
② 双手拇指、食指各捏成小圆圈,其他手指伸开,先置于眼前再互换位置,表示走神了。

激励
左手伸拇指、小指;右手伸食指在左手小指处敲打,并同时向上移动。

范例 11

一生中我们会遇到很多次的选择,一些决定个人前途、他人命运的选择就在我们不经意间产生了。

一次正确的选择带给自己的是财富、是幸福、是健康;

一次错误的选择带给自己的是贫穷、是愚昧、是疾病;

一次助人的选择带给别人的是恩惠、是感激;

一次自私的选择带给别人的是痛苦、是伤害;

我们有可以选择的,也有不可选择的。

朋友,请珍惜自己可以选择的,用平静的心来对待他人、对待自己人,将爱奉献给整个人类社会!

相关词语手语图示

命运
① 右手掌捂在心口部位。
② 一手打手指字母"Y"的指式。

范例 12

5月12日,汶川大地震,无数的家园一夕梦碎,无数的家庭生离死别,无数的孩子成为孤儿。如今,地震已过去两个多月了,对于所有的读者朋友来说,这是生命中难以忘怀的一段日子,悲伤与感动、爱心与奉献成为我们生活中的主题词。随着时间的推移,灾难的阴霾终会消退,重建家园、恢复灾区正常秩序的任务将异常繁重。我们更加需要的是行动与力量,是理性与思考。全国人民心相连,与灾区人民情相通。我们愿以不懈的追求和努力,为创造更加幸福、和谐的美好未来而贡献自己的一分力量。

相关词语手语图示

阴霾
右手伸小指在头顶上转动。

心相连
① 在身体左侧打出心形。
② 双手食指相勾。
③ 在身体右侧打出心形。

情相通
① 双手五指张开,掌心相贴;左手不动,右手自左向右搓动。
② 双手食指横伸,指尖相对,由两侧向中间交错移动。

范例 13

我常常在想,十年后的我已经成为一名大名鼎鼎的手语翻译员。那个时候,我站在亮堂堂的大会议厅里,为聋人翻译大会的主要内容,坐在下面的聋人都能看懂我的手语,知道我要表达的意思,他们在冲我点头、微笑。那个时候我已经真正做到和聋人沟通无障碍,我们可以无话不谈了。到那时,我也可以完全融入他们的世界,和他们成为真正的好朋友,可以更好地为他们服务,更好地关心、帮助他们了!

当然，这都是我的设想，但是有了目标才会有实现目标的动力；有了方向才会朝着自己的方向前进。

相关词语手语图示

大名鼎鼎
右手伸中指、无名指、小指，指尖抵于耳部。

亮堂堂
双手五指撮合置于头顶上方，然后向下打开五指。

① ②

无话不谈
① 双手五指微曲，手背向上，然后向下做弧形移动，手腕靠拢。
② 一手食指横伸，在嘴前转动两下。

范例 14

美国著名科学家爱迪生，小时候家里很穷，只上过三个月学就离开了学校。回到家里，在妈妈的指导下，爱迪生自学了英语、算术、化学、地理、历史等多门课程。十二岁就开始卖报。他热爱科学，常常把平时省下的钱买科学书报看，并开始动手做实验。

爱迪生从小就好问，爱动脑筋，爱提各种奇怪的问题。如：小鸟为什么会飞？人为什么不长翅膀？他还自己试验能不能把鸡蛋孵出小鸡。由于他勤学好问，头脑变得更聪明了。他一生中有电灯、有声电影等多项发明。

相关词语手语图示

指导
左手伸拇指；右手伸食指，指尖朝前，在左手拇指后左右挥动几下。

发明
　　一手握拳贴于太阳穴旁,然后向前移动,并张开五指。

范例 15

　　教育是一首诗,诗的名字叫青春,在躁动般的灵魂里,有一个年轻的梦;
　　教育是一首诗,诗的名字叫激情,在春风化雨的课堂里,有一脸永恒的笑;
　　教育是一首诗,诗的名字叫热爱,在每一个孩子的瞳孔里,有一颗母亲的心;
　　教育是一首诗,诗的名字叫创作,在探索求知的心灵里,有一面个性的旗;
　　教育是一首诗,诗的名字叫智慧,在充满问题的行为里,有一双发现的眼;
　　教育是一首诗,诗的名字叫未来,在漫长文明的长河里,有一艘破浪的船。

相关词语手语图示

诗
　　一手食指、中指、无名指、小指分开,指尖朝前;由上而下点动几下,如一行行的诗句。

灵魂
　　一手拇指、食指相捏,其余手指直立,在头部上方转两圈。

瞳孔
　　一手拇指、食指相捏,其余手指直立,在眼睛前转两圈。

旗
　　左手食指直立;右手侧立,腕部抵于左手食指指尖,右手五指左右摆动几下,如旗帜飘扬状。

智慧

一手食指先点一下太阳穴,然后掌心向外张开五指。

① ②

充满

① 左手呈半圆形,虎口朝上;右手五指撮合,指尖朝下,由上而下做弧形移动投入左手虎口。
② 一手横伸,掌心向下,由腹部向颏部移动。

范例16

2008年5月27日10时40分,2008年北京奥运会"祥云"火炬在经过苏州、南通、泰州、扬州和南京的传递后,顺利结束了在江苏的三日精彩之旅。五座城市心手相传,数万群众见证圣火荣耀。舞动的五环旗,象征着人类的和谐、拼搏和对美好的向往。

团结、友爱、互助、善良、勇敢的品格已融入了中华民族五千年的血脉。手持"祥云"、情系灾区,每位火炬手用他们特有的坚毅,传播力量和信心。传递一小步,文明一大步,中华民族在圣火传递中展现的文明风采,必将鼓舞每一个中国人为战胜新的困难而积蓄力量和勇气。

相关词语手语图示

南通

左手四指合拢与拇指呈90度角;右手五指合拢在左手拇指与四指间上下切几下。

泰州

一手打手指字母"C"的指式,置于右侧脸颊边。

扬州

左手伸食指抵于右手手腕处,右手五指分开左右扫动。

南京

双手食指、中指、无名指、小指并拢弯曲,手背向上,然后向下做弧形移动,最后双手指背互相紧贴。

范例 17

她是一个普通的专科毕业生,到一家私立幼儿园公开竞聘园长。虽然笔试的成绩还不错,可面对那么多的研究生、本科生,她那分勇气和自信顷刻间就烟消云散了,但她还是很想把握这次面试机会。

下午,当她气喘吁吁地赶到考场外,发现楼梯拐角处有个脏兮兮的小男孩,站在那里哭,而她自己面试的时间到了,她的心里很矛盾,她究竟会做出怎样的选择呢?

终于,她走到了那男孩面前,帮他擦去眼泪,还亲切地问他怎么了。别人对那个男孩视若无睹,唯有她把小男孩抱起来还亲切地哄他。

最后,她成功了,而那些人羞愧地低下了头,虽然他们知识渊博,但没有做出爱的选择,而她做到了。她在面试和对小男孩的关爱中选择了后者,而这正是一个园长所必备的素养。

相关词语手语图示

烟消云散

一手拇指、食指、中指指尖朝上,互捻一下,然后手伸开,表示"没有"。

①   ②

视若无睹

① 一手伸食指、中指向前一顿,表示"看"。
② 一手食指、中指、无名指、小指弯曲,指背贴于脸颊部,面露冷淡表情。

范例 18

昨天,全省 179 名残疾人汇集江苏省残疾人体育训练中心,参加职业技能部分项目选拔比赛。本次比赛共设有蜡染、竹编、电焊、男服制作、计算机组装、英文排版、网页制作、电子装配与测试等 8 个项目,旨在提高残疾人职业素质和就业能力。选拔比赛将于 23 日结束。

据悉,本次进行的 8 个比赛项目,是江苏省未能参加第三届全国残疾人职业技能竞赛的项目,此次是为了尽早在全省进行一个广泛的摸底,发现优秀选手并及时进行集中培养。这次选拔赛进入前五名的选手将有资格直接参加明年举办的第四届全省残疾人职业技能竞赛。

相关词语手语图示

①　②

蜡染
① 一手打手指字母"L"的指式。
② 双手五指相捏,指尖朝下,腕部微微晃动几下。

①　②

竹编
① 一手伸拇指、食指在脖子处一顿一顿地向上移动。
② 左手横伸,掌心向下;右手从拇指开始依次接触左手五指交叉相扣。

电焊
左手握拳,虎口朝上;右手伸拇指、食指,食指指向左手虎口处并且微动几下。

①　②

男服制作
① 一手直立,在头的一侧前后移动几下。
② 双手伸拇指,自颈部两旁向下至胸口划两条斜线,表示西服领口。
③ 双手握拳,两手一上一下,右拳向下砸一下左拳。

③

①　②

计算机组装
① 双手张开平伸,掌心向下,五指交替灵活点动,如敲打计算机键盘状。
② 双手五指张开,指尖朝上,由身体两侧向中间移动。
③ 一手打"匚"形,另一手同样打出"匚"形放在上面。

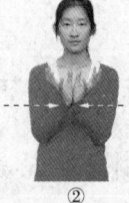

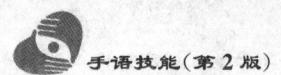
③

英文排版
① 右手食指指向右眼，表示"外国"。
② 右手五指张开，掌心朝下，同时向身体右侧移动。
③ 双手直立，五指分开，两手一前一后排成一列；左手不动，右手一顿一顿地向右移动。

网页制作
① 双手伸食指，书空"冂"形。
② 双手握拳，两手一上一下，右拳向下砸一下左拳。

电子装配与测试
① 一手书空"闪电"符号。
② 一手打手指字母"Z"的指式。
③ 双手五指张开并且交叉合拢。
④ 双手伸拇指、食指、中指，捏成小圆，指尖朝前下并扭动几下。

摸底
① 左手虚握右手手腕；右手五指张开并转动手腕。
② 左手平伸，掌心向下；右手伸食指向下一顿。

范例 19

新华网北京 9 月 9 日电

正在乌兹别克斯坦进行国事访问的中共中央总书记、国家主席、中央军委主席习近平 9 月 9 日向全国广大教师致慰问信。慰问信全文如下：

全国广大教师们：

第二十九个教师节到来之际，我正在遥远的乌兹别克斯坦进行国事访问。首先，我代表党中央、国务院，向全国1 400万教师，致以诚挚的问候和崇高的敬意！祝大家节日快乐！

长期以来，我国广大教师认真贯彻党的教育方针，默默耕耘、无私奉献，用爱心、知识、智慧点亮学生心灵，培养了一批又一批优秀人才，为我国教育事业发展、为国家发展和民族振兴做出了突出贡献。

百年大计，教育为本。教师是立教之本、兴教之源，承担着让每个孩子健康成长、办好人民满意教育的重任。希望全国广大教师牢固树立中国特色社会主义理想信念，带头践行社会主义核心价值观，自觉增强立德树人、教书育人的荣誉感和责任感，学为人师，行为世范，做学生健康成长的指导者和引路人；牢固树立终身学习理念，加强学习，拓宽视野，更新知识，不断提高业务能力和教育教学质量，努力成为业务精湛、学生喜爱的高素质教师；牢固树立改革创新意识，踊跃投身教育创新实践，为发展具有中国特色、世界水平的现代教育做出贡献。

各级党委和政府要把加强教师队伍建设作为教育事业发展最重要的基础工作来抓，提升教师素质，改善教师待遇，关心教师健康，维护教师权益，充分信任、紧紧依靠广大教师，支持优秀人才长期从教、终身从教。

全社会要大力弘扬尊师重教的良好风尚，使教师成为最受社会尊重的职业。

祝全国广大教师身体健康、工作顺利、生活幸福！

习近平
2013年9月9日

相关词语手语图示

默默耕耘
① 一手伸食指置于嘴前，表示"默默"。
② 双手握拳，两手一上一下，右拳向下砸一下左拳。

无私奉献
① 右手拇指、食指相捏呈圆，其他三指指尖朝上，左右晃动表示"没有"。
② 右手五指张开，虎口朝内，拇指指尖碰一下左胸。
③ 双手平伸，掌心向上，由身前向前上方伸出。

百年大计

① 一手伸食指往身旁一划。
② 左手握拳,手背朝外;右手伸食指从左手食指骨节处向下划。
③ 左手横伸,掌心向下;右手打手指语"SH"的指式,沿左手小指边缘划一下。

教育为本

① 双手五指撮合,指尖相对,手背向外,前后微动几下。
② 左手握拳,手背向上;右手握着左手腕部。
③ 一手打手指字母"B"的指式。

拓宽视野

双手侧立,先掌心相对置于眼睛两侧,然后边向前移动边左右分开。

权益

① 右手侧立,五指微曲,边向左做弧形移动边握拳。
② 双手侧立,掌心相对,五指微曲,然后向内做收拢状。

顺利

右手直立,掌心向内,边移向左胸部边伸出拇指。

 练习

1. "高姐"培训备战春运

昨天,南京客运段"高姐"在高铁实训室内练习规范动作。2017年春运将于明日正式启动,上海铁路局南京客运段高铁二队400多名乘务员近期分批进行了培训,"高姐"们通过礼仪礼节、仪容仪表、应急演练等培训学习,提升为旅客服务的水平和能力。(本报通讯员　徐文峰　王蒲　本报记者　徐琦摄)

——南京日报2017年1月12日A14版

2. 残疾人免费乘车　下月起可刷卡

扬子晚报讯（通讯员　石珺　实习生　王泽　记者　徐兢)12月1日起,南京市10万多位持证残疾人将可以刷"市民卡"免费乘坐公交、地铁、轮渡。扬子晚报记者昨天从南京市残联获悉,目前仅有3万多残疾人开通了"市民卡"免费乘车功能,请有需要的残疾人抓紧在本月底前去所在区县残联登记申请。

此外,12月1日起,没来得及开通市民卡免费乘坐功能的残疾人朋友仍然可以继续出示《残疾证》免费乘车。

——扬子晚报2012年11月21日

3. 近期南京天气

今天白天多云,夜里阴有时有小雨,8℃到17℃;明天阴有小到中雨,8℃到15℃;后天阴有小雨并渐止转阴,9℃到12℃。

3月17日,南京林业大学的樱花初绽,平时安静的校园热闹了起来。虽然不是双休日,不少市民和学生纷纷在树下驻足拍照。预计今明两天,樱花将进入全面盛开的日子。

——扬子晚报2017年3月18日

4. 江苏农村留守儿童将"一人一档案"

3岁以下留守儿童需父母一方留家照顾

扬子晚报讯　(记者　韩飞)8月23日上午,省政府就刚刚出台的《关于加强农村留守儿童关爱保护工作的实施意见》召开新闻发布会。省民政厅副厅长沙维伟承诺,到2020年,全社会关爱保护儿童的法律意识明显增强,农村留守儿童现象明显减少,儿童成长环境更为改善、安全更有保障,全省未成年人社会保护法律法规和保障机制更加完善。

沙维伟介绍,今年4—7月份,省民政厅、教育厅、公安厅联合开展了全省农村留守儿童摸底排查,统计数据显示,目前全省共有农村留守儿童24.2万人,占农村籍儿童总数的2.9%。

关爱保护留守儿童,江苏将落实政府主导责任,健全农村留守儿童关爱服务体系和救助保障机制。要建立精准的农村留守儿童信息库,一人一档,实行动态管理,分类开展关爱保护工作。在教育方面,意见要求农村留守儿童较多的学校建立心理咨询室,免费为留守儿童提供通讯等关爱服务。

意见要求强化家庭监护主体责任。3岁以下儿童的父母应与其共同生活或父母一方留家照料,3—6岁儿童应入园接受学前教育,学龄儿童必须接受义务教育。外出务工人员要尽量携带未成年子女共同生活或父母一方留家照料,暂不具备条件的应当委托有监护能力的亲属或其他成年人代为监护,双方外出务工或一方外出务工另一方监护能力缺失的父母要与村(居)委会签订监护责任书,落实监护责任,不得让不满16周岁的儿童脱离监护单独居住生活。

——扬子晚报 2016 年 8 月 24 日

5. 南京"盲人电影院"运作 5 年来

服务盲人"看"电影 2 000 人次

5年前,南京出现一个文化公益项目"盲人电影院",让这些视障人士有了好去处。原本看不见的电影,在解说员形象生动的解说中,变得精彩。

昨天下午,记者从该公益项目运作 5 周年观影活动中了解到,这个"盲人电影院"已在建邺、鼓楼等 8 区放映电影 40 场,观影视障人士约 2 000 人次。

"盲人电影院"是一个志愿者自发开展的文化公益项目,是南京地区视障人士的一项文化娱乐活动,是南京知名助残公益品牌。该公益项目主要由南京市鼓楼区园丁社会服务中心(前身为南京爱心教师团)具体运作,在为盲人放电影的同时,坚持现场同步解说。

把讲解和旁白融入电影中,减轻讲解员工作量,在我市已开始尝试。为了让视障者欣赏到更多的影片,市残联已联合南京市特殊教育师范学院成立了"南京市无障碍影像资料库"。

"无障碍影片就像将场面描写、情节分析等讲解合成到影片中,不需要人工讲解。目前资料库已经储备了上百部影片,正在搭建网络平台,让盲人共享无障碍影片资源。"市残联相关负责人表示。

——南京日报 2017 年 3 月 29 日

6. "朗读者"盲人剧场第五期启动

本报讯(记者 邢虹)4月2日下午,"朗读者"盲人剧场第五期在金陵图书馆举办。此次活动由南京市全民阅读促进会主办,金陵图书馆承办,苏州市残疾人活动中心和建邺区盲人协会协办。

面向视障人士阅读服务的"朗读者"公益项目,得到了社会各界公益人士的热心参与和大力支持,引起热烈反响。盲人剧场是"朗读者"第五季创意打造的全新活动,在这里,视障人士不仅是听众,也是剧场活动的表演者,与"朗读者"志愿者们一起展现才艺,秀出自我风采。活动现场,不仅有朗诵、独唱、歌舞,而且有传统的京剧唱段、乐器演奏、快板等多种才艺形式,节目精彩纷呈。

此次参与盲人剧场的"朗读者"不仅有学龄前儿童,也有退休老人,跨越老中青三代;更有志愿者携全家忙碌在台前幕后。

——南京日报 2017 年 4 月 4 日

7. 我市首家社区公益绘本馆开馆

本报讯(记者 许琴)4月2日是国际儿童读书日。当天上午,位于鼓楼区燕亭路的小市青柠绘本艺术馆正式开馆。这是我市首个设在居民社区的儿童绘本馆,也是我市最大的绘本馆。

该绘本馆是纯公益性质,由市青少年宫联合金陵图书馆、鼓楼区小市街道共同打造。绘本馆有1.5万册图书,近万册是绘本,还有科普、故事书等儿童书籍,主要适合0—12岁的孩子。孩子们办金陵图书馆的借书证就可以来这看书,或者借回家看。绘本馆还聘任了一批小图书管理员,负责图书整理、借阅登记等工作。

据悉,绘本馆还将定期开展孩子们喜爱的阅读主题活动,近期开展的有"当剪纸遇上绘本""当水墨画遇上绘本"等活动。

——南京日报2017年4月4日

8. 习近平主持政治局常委会会议

听取全国人大常委会、国务院、全国政协、
两高党组工作汇报,听取中央书记处工作汇报

中共中央政治局常务委员会1月10日全天召开会议,听取全国人大常委会、国务院、全国政协、最高人民法院、最高人民检察院党组工作汇报,听取中央书记处工作汇报。中共中央总书记习近平主持会议并发表重要讲话。

会议强调,办好中国的事情,关键在党。中国特色社会主义最本质的特征是中国共产党领导,中国特色社会主义制度的最大优势是中国共产党领导。坚持党的领导首先是坚持党中央集中统一领导,是全面从严治党、严肃党内政治生活、加强党内监督的重要目的,也是一条根本的政治规范。要深入学习贯彻党的十八届六中全会精神,严格执行《关于新形势下党内政治生活的若干准则》《中国共产党党内监督条例》,牢固树立政治意识、大局意识、核心意识、看齐意识,坚持以党的旗帜为旗帜、以党的方向为方向、以党的意志为意志,切实把党中央重大决策部署落实到各项工作中去。

会议强调,今年我们将召开党的十九大,也是实施"十三五"规划的重要一年、推进供给侧结构性改革的深化之年。全国人大常委会、国务院、全国政协、最高人民法院、最高人民检察院党组要坚决维护党中央权威,在思想上政治上行动上始终同以习近平同志为核心的党中央保持高度一致,抓好党中央重大决策部署落地生根,确保党中央令行禁止。要扎实做好党中央部署的各项工作,紧紧围绕大局履职尽责,坚持稳中求进工作总基调,着力防范和化解各种风险,促进经济平稳健康发展和社会和谐稳定。要落实全面从严治党责任,严肃党内政治生活,自觉接受党内监督和各方面监督,加强党组自身建设,不断提高党的建设水平。

会议强调,中央书记处要带头讲政治,坚持正确政治方向,服务大局出谋划策,突出重点抓好落实,不断提高运用科学理论解决实际问题的能力,完成好党中央交办的各项任务。

——南京日报2017年1月11日

9. 中共中央国务院致第十五届残奥会中国体育代表团的贺电

新华社北京 9 月 19 日电

中共中央、国务院 19 日发出致第十五届残奥会中国体育代表团的贺电。贺电全文如下：

第十五届残奥会中国体育代表团：

在第十五届残奥会上，中国体育代表团残疾人运动员顽强拼搏、勇攀高峰，赢得 107 枚金牌、81 枚银牌、51 枚铜牌，打破 51 项世界纪录，连续 4 届残奥会位居金牌榜和奖牌榜第一位，奏响了催人奋进的生命凯歌，讲述了中国残疾人自强不息的故事，为祖国和人民争得了荣誉，党中央、国务院向你们表示热烈的祝贺和诚挚的问候！

在本届残奥会上，中国体育代表团残疾人体育健儿大力发扬奥林匹克精神和中华体育精神，不畏强手、勇争第一、超越自我、挑战极限，充分展示了我国残疾人自尊、自信、自强、自立的精神风貌，收获了成功，赢得了尊重，增进了友谊，树立了形象，为推动国际残疾人奥林匹克运动发展做出了新贡献。你们的优异表现，向世界传递了蕴含在我国广大残疾人中的正能量，极大激励了全国各族人民和海内外中华儿女，祖国和人民为你们感到骄傲和自豪！

希望你们在新的起点上，再接再厉，不断进取，进一步激发广大残疾人参与体育锻炼的热情，带动残疾人健身体育、康复体育、竞技体育的普及开展，为促进我国残疾人体育事业发展，推进健康中国建设继续努力，为我国办好 2022 年冬奥会和冬残奥会，为实现全面建成小康社会奋斗目标、实现中华民族伟大复兴的中国梦做出新的更大的贡献。

祖国和人民期盼着你们凯旋！

中共中央
国务院
2016 年 9 月 19 日

10. 中共中央国务院设河北雄安新区

**这是党中央一项重大历史性战略选择，
继深圳和浦东新区后又一具全国意义新区**

日前，中共中央、国务院印发通知，决定设立河北雄安新区。这是以习近平同志为核心的党中央做出的一项重大的历史性战略选择，是继深圳经济特区和上海浦东新区之后又一具有全国意义的新区，是千年大计、国家大事。

设立雄安新区，是以习近平同志为核心的党中央深入推进京津冀协同发展做出的一项重大决策部署，对于集中疏解北京非首都功能，探索人口经济密集地区优化开发新模式，调整优化京津冀城市布局和空间结构，培育创新驱动发展新引擎，具有重大现实意义和深远历史意义。

党中央、国务院通知要求，各地区各部门要认真落实习近平重要指示，共同推进雄安新区规划建设发展各项工作。河北省要积极主动作为，用最先进的理念和国际一流的水准进行城市设计，建设标杆工程，打造城市建设的典范。要保持历史耐心，尊重城市建设规律，合理把握开发节奏。要加强对雄安新区与周边区域的统一规划管理，避免城市规模过度扩张，促进与周边城市融合发展。各有关方面要按照职能分工，勇于创新，共同推进雄安新区规划建设。

——扬子晚报 2017 年 4 月 2 日

11. 顾静：连续 15 年服务智障群体

南京好人 365　学习身边榜样　践行核心价值

顾静毕业于南京特殊教育师范学院，今年 36 岁，是南京市第一批从事托养服务工作的专业老师，现任鼓楼区凤凰安养中心主任。"入行"15 年，顾静一直致力于服务心智障碍群体，帮助患者走出家庭、走向社会，也帮助这些特殊群体的家庭调整状态，更好地生活。

鼓楼区凤凰安养中心的服务对象是年龄在 16—60 岁的心智障碍群体。他们虽然年龄不小，但有些人的智商只相当于三四岁的孩子，还常常伴随有癫痫、社会功能退减、情绪行为问题等症状。有的学员刚来中心不适应环境，每天躲在柜子里；有的学员动不动就把玻璃杯往窗户外面扔，惹来社区居民几乎天天投诉；还有的学员只要一遇上天气变化，情绪就随之波动，发脾气，甚至还有暴力行为。顾静的工作中，面对的就是这样一个特殊群体。

顾静曾接收过一名 18 岁的学员。该学员因严重的抽动症和强迫症困扰，出现暴力行为，家人无力照料后，被送到中心。为该学员进行评估时，顾静发现，学员此前的康复治疗效果不好，但如果方法得当，孩子存在不小的可康复空间。此后，顾静等人为他开始了艰难的康复历程。刚来时，这名学员 30 米的路要走 40 分钟，因为会不断走回头路；写一个字要耗费 1 天，因为动不了手、下不了笔……在顾静等人的耐心陪伴和悉心照料下，学员逐渐可以自主控制自己的行为，完成书法、绘画等作品，还在 2015 年时被江苏省戏剧学院舞台戏剧专业录取为旁听生。孩子去上学的时候特别高兴，家长也同样很激动。

本报记者　张源源
——南京日报 2017 年 2 月 15 日

12. 致校友（叶兆言）

同学们好，老师好，在座的各位，大家下午好。能够获得这样一次发言机会，我感到很荣幸，很激动。

同学们，对于你们来说，今天会是个非常有纪念意义的日子。很显然，填写录取志愿的时候，你们已经兴奋和激动过了，你们早已把自己和这所伟大的学校联系在一起，但是我们还是需要这么一个开学典礼，仪式的重要性就在于它将做出公正，它将证明，从今天开始，你们才正式是这所大学中的一员。看看这个热闹的大会堂吧，尽情地感受一下这喜气洋洋的气氛吧，在这个美丽的秋季，欢迎你们步入已有 110 年光辉小时校史的大家庭。

和你们一样，三十四年前，我也有幸身为这个大家庭中的一名成员。我不止一次被追问，回首过去，人生中感到最幸福的一件事是什么。面对这样的追问，我总是毫不犹豫地回答，自己最幸福的一件事，就是被南京大学录取。事过多年，我仍然想不出还能有什么比这个更让我感到幸福的。我们这一代人，曾经被剥夺了上大学的权利，我们的前途曾是那么黯淡，"四人帮"被粉碎，"文化大革命"结束，恢复高考，我居然被这所大学录取，唉，这真是太美妙了！

我想,你们一定也会有与我一样的感受,此时此刻,你们会回想起高考带来的痛苦,那些可恶的不人道,要背那么多无聊的教科书,做那么多没有意义的习题,牺牲掉那么多美好的时光。想一想父母的担心,想一想老师的督促,想一想一次次无聊的排名,一次次一本正经的模拟考试,一次次的过关斩将,最后终于奇迹般被这所大学录取了。好吧,祝福你们,你们应该为自己以往的经历感到骄傲。

在今天这个喜气洋洋的日子里,说什么都很可能是多余的。我相信大家的前景一定灿烂,我相信同学们的未来一定美好,我相信你们会发奋学习,会很好地享受人生中最美好的大学生活。我现在表达的一些观点很可能是片面的,甚至不现实,但是作为你们的学长,作为你们的前辈,我还是想冒昧地说几句心里话。我想告诉同学们,大学生活无疑是人生中最重要的阶段,也是最容易被耽误的阶段,它是基础的基础,这个阶段将决定你们个人的命运,决定你们未来的发展,同时,也非常可能会决定学校的命运和发展,决定国家的命运和发展。你们有希望,现实社会就会有希望,你们做好了,现实社会就会有前途。

我希望同学们在大学阶段,能够学到更多美好的东西,希望你们尊敬师长,学业有成,学会做人,学会享受民主和自由,希望还没有谈恋爱的同学,能够在这里收获爱情。

一句话,我希望同学们幸福,珍惜老天爷给予的大好机会。时代没有辜负你们,你们也不应该辜负这个时代。

谢谢大家。

——扬子晚报 2012 年 9 月

附录：手语考级样卷

手语初级技能考核样卷

一、请用手指语打出下面的字母。（共 10 分，每个 1 分）

A O E I U Ü
B P M F

二、请用手势语打出下列词语。（共 20 分，每词 1 分）

居民　弱智人　家属　打架　英雄　项链　电视机
友谊　满意　谎话　详细　数量　电影　中秋节
消费　经济　课程　天安门　世界　参观

三、请用手势语打出下列句子。（共 30 分，每句 3 分）

1. 我们是同学，也是朋友。
2. 领导十分关心残疾人的劳动就业问题。
3. 早晨去上学要对家长说"再见"。
4. 我为自己学会手语，可以帮助聋人而感到高兴。
5. 一年有 365 天，有春、夏、秋、冬四个季节。
6. 民政局干部主动帮助贫困家庭。
7. 我们的班主任马老师是位和蔼可亲的老师。
8. 爸爸常常教育我将来做个对社会有用的人。
9. 长江、黄河是我国的母亲河。
10. 全校有聋生 300 余人，教职员工 150 人左右。

四、请以"自我介绍"为主题打一段话。（共 40 分）

手语中级技能考核样卷

一、用手指语打出下列词语和句子。（共 10 分）

1. 词语（每词 1 分，共 4 分）

   孔雀　高兴　天安门　亡羊补牢

2. 句子（每句 3 分，共 6 分）

   （1）北京是我国伟大的首都。

   （2）瓦特是英国一位有名的科学家。

二、用手势语打出下列词汇。（每词 1 分，共 20 分）

就业　打架　负责　岗位　习惯　道德　追求　辩论　方式
违法　电梯　骄傲　语言　见面　奇怪　事业　作用　旅游
电冰箱　公共汽车

三、用手势语打出下列句子。（每句 2 分，共 20 分）

1. 这次招聘名额有限，要求有一定的工作经验。
2. 我家的居住环境还可以，生活、交通都很方便。
3. 冬天到了，我买了一件红色的新毛衣。
4. 指南针是我国的四大发明之一。
5. 他帮助我克服了自卑心理，我很感激他。
6. 我每个月的工资是 700 元，奖金 200 元。
7. 到北京可乘飞机、火车、出租汽车、地铁等交通工具。
8. 我国有几千年的历史文化，考古学家发现了许多文物、古迹。

注：每句流畅占 1 分。

四、用手语翻译情景对话。（共 20 分）

甲：嗨，好久不见了，你好吗？

乙：很好。你呢？

甲：我也很好。最近在忙什么？

乙：我想考大学。

甲：噢，准备得怎么样了？

乙：数学还可以，但是语文有难度，特别是作文比较难，总觉得脑子里空空的，好像没

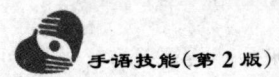

什么好写的。

甲:不要紧张。你可以向老师请教方法,回去后再多练习,注意搜集一些资料。相信自己,祝你成功。

乙:谢谢!

注:翻译中抓住每句话中心意思。

五、听录音打出手语。(共 30 分)

同学们!你们能进入大学学习,体现了国家对残疾人的关怀,是国家为聋人进一步提高文化水平、培养专业技能及自我创业、自我发展能力创造了条件。希望你们珍惜这五年的学习时光,刻苦学习文化专业知识,积极主动参与实践,遵守学校一切规章制度,尊敬老师,团结同学,使自己有一技之长,具有健康的心理,良好思想品德和行为习惯的人才,为将来能自立于社会,为社会贡献力量,体现自己的人生价值而努力。

注:错一词扣 1 分;整体流畅性占 4 分。

五级手语翻译员操作技能考核样卷

一、指语传译

1. 请用手指语打出下面的字母

A O E I U Ü

本题分值:1分

考核时间:1分钟

考核形式:

(1) 具体考核要求:能读出、打出汉语手指语,速度达到每分钟30个字母,正确率达到100%。

(2) 否定项说明:打错1个字母得分为零。

2. 请用手指语打出下面的音节

é   yī   wǔ   yú

鹅   衣   五   鱼

本题分值:4分

考核时间:2分钟

考核形式:

(1) 具体考核要求:能读出、打出汉语手指语音节,正确率达到75%。

(2) 否定项说明:超出考核时间,错误率达到25%,得分为零。

3. 请用手指语打出下面的短语

(1) 教室里有桌子。

(2) 这是小明的床。

本题分值:5分

考核时间:3分钟

考核形式:

(1) 具体考核要求:能读出、打出5—10个音节组成的手指语短语,正确率达到75%。

(2) 否定项说明:超出考核时间,错误率达到25%得分为零。

二、汉语传译(手译)

1. 单词翻译

居民 残疾人 家属 打架 榜样 项链 电视机 男孩

弟弟　经济　春天

本题分值:10 分

考核时间:4 分钟

考核形式:

(1) 具体考核要求:能将汉语单词翻译成手势语,速度达到每分钟 15 个单词,正确率达到 75%。

(2) 否定项说明:超出考核时间,错误率达到 25%得分为零。

2. 请用手势语打出下列句子

(1) 我的同学是他的朋友。

(2) 早晨去上学要对家长说"再见"。

(3) 我们的班主任马老师是位和蔼可亲的老师。

(4) 爸爸常常教育我将来做个对社会有用的人。

(5) 全校有聋生 300 余人,教职员工 150 人左右。

本题分值:15 分

考核时间:5 分钟

考核形式:

(1) 具体考核要求:能将汉语句子翻译成手势语,正确率达到 75%。

(2) 否定项说明:超出考核时间,错误率达到 25%得分为零。

3. 请以"自我介绍"为主题打一段话

本题分值:20 分

考核时间:3 分钟

考核形式:

(1) 具体考核要求:围绕主题将 80 字左右的汉语短文翻译成手势语,动作连贯,正确率达到 75%。

(2) 否定项说明:超出考核时间,错误率达到 25%得分为零。

三、手语传译(口译或笔译)

1. 单词翻译

友谊　满意　食品　详细　数量　电影　节日　工人

天安门　参观　校长

本题分值:10 分

考核时间:4 分钟

考核形式:

(1) 具体考核要求:能将汉语词语的手势语翻译成汉语,正确率达到 75%。

(2) 否定项说明:超出考核时间,错误率达到 25%得分为零。

2. 句子翻译

(1) 爷爷、奶奶已经退休。

(2) 我学习手语是为了帮助聋人。

(3) 我喜欢吃包子和饺子。

(4) 我们聋人在这个乐园里愉快地学习、活动。

(5) 我们要爱护我们的母亲河。

本题分值:15分

考核时间:5分钟

考核形式:

(1) 具体考核要求:能将常用汉语单词的手势语分别组成的句子翻译成汉语(口语或手势语),正确率达到75%。

(2) 否定项说明:超出考核时间,错误率达到25%得分为零。

3. 短文翻译

请将下面的短文翻译成汉语(口语或书面语)。

我家有六口人,爷爷、奶奶、爸爸、妈妈、弟弟和我。爷爷奶奶已经退休;爸爸是中学语文老师;妈妈在纺织厂工作,是厂办幼儿园老师;弟弟上小学,现在读四年级;我在聋人学校上学,现在读六年级。

本题分值:20分

考核时间:3分钟

考核形式:

(1) 具体考核要求:能将常用汉语单词的手势语组成的短文翻译成汉语(口语或手势语),正确率达到75%。

(2) 否定项说明:超出考核时间,错误率达到25%得分为零。

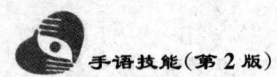

四级手语翻译员操作技能考核样卷

一、指语传译

1. 请用手指语打出下面的字母

z c s x ai ei ui ao

本题分值:1分

考核时间:1分钟

考核形式:

(1) 具体考核要求:能读出、打出汉语手指语,速度达到每分钟35个字母,正确率达到100%。

(2) 否定项说明:打错1个字母得分为零。

2. 请用手指语打出下面的音节

学校 操场 教室 桌子

本题分值:4分

考核时间:2分钟

考核形式:

(1) 具体考核要求:能读出、打出汉语手指语音节,正确率达到80%。

(2) 否定项说明:超出考核时间,错误率达到20%,得分为零。

3. 请用手指语打出下面的短语

(1) 小朋友爱看漫画书。

(2) 这里的春天真美呀!

本题分值:5分

考核时间:3分钟

考核形式:

(1) 具体考核要求:能读出、打出8—12个音节组成的手指语短语,正确率达到80%。

(2) 否定项说明:超出考核时间,错误率达到20%得分为零。

二、汉语传译(手译)

1. 单词翻译

课程 空调 待业 报到 招聘 迟到 形式

洗衣机 辞职 生气

本题分值:10分

考核时间:3分钟

考核形式:

(1) 具体考核要求:能将汉语单词翻译成手势语,正确率达到80%。

(2) 否定项说明:超出考核时间,错误率达到20%得分为零。

2. 请用手势语打出下列句子

(1) 南京四季分明,有春、夏、秋、冬四个季节。

(2) 如果真是别人不对,也必须诚恳地向对方提意见。

(3) 打架不但不能解决矛盾反而会破坏团结。

(4) 我家的周围有银行、车站和医院。

(5) 通过这件事,我知道了做事情要认真。

本题分值:15分

考核时间:5分钟

考核形式:

(1) 具体考核要求:能将汉语句子翻译成手势语,正确率达到80%。

(2) 否定项说明:超出考核时间,错误率达到20%得分为零。

3. 请以"我的理想"为主题打一段话

本题分值:20分

考核时间:4分钟

考核形式:

(1) 具体考核要求:围绕主题将100字左右的汉语短文翻译成手势语,动作连贯,正确率达到80%。

(2) 否定项说明:超出考核时间,错误率达到20%得分为零。

三、手语传译(口译或笔译)

1. 单词翻译

浪费　练习　挂号处　北京　周围　医院　体育　基础　开始　顺利

本题分值:10分

考核时间:3分钟

考核形式:

(1) 具体考核要求:能将汉语单词的手势语翻译成汉语,正确率达到80%。

(2) 否定项说明:超出考核时间,错误率达到20%得分为零。

2. 句子翻译

(1) 他的表哥是一名警察。

(2) 春天是风和日朗的日子。

(3) 他有丰富的工作经验。

(4) 马老师严厉地批评了我,还耐心地教育我。

(5) 张局长在群众中的威信很高。

本题分值:15分

考核时间:5分钟

考核形式：

(1) 具体考核要求：能将常用汉语单词的手势语分别组成的句子翻译成汉语（口语或手势语），正确率达到80%。

(2) 否定项说明：超出考核时间，错误率达到20%得分为零。

3. 短文翻译

请将下面的短文翻译成汉语（口语或书面语）。

我们的班长是王大江。他学习认真，遵守纪律，工作负责，还能帮助同学，从不与同学吵架，还是学校运动队的短跑运动员。他手势打得漂亮，爱看书，中午常常给我们讲故事，就像我们的大哥哥一样，同学们都很敬佩他。大家要向他学习。

本题分值：20 分

考核时间：3 分钟

考核形式：

(1) 具体考核要求：能将常用汉语单词的手势语组成的短文翻译成汉语（口语或手势语），正确率达到80%。

(2) 否定项说明：超出考核时间，错误率达到20%得分为零。

索 引

A

阿姨	019
爱护	015
爱情	040
安静	273
安静	068
安排	241
安全	066
安慰	052
按照	123
暗示	230
昂贵	082
奥林匹克	214
奥体中心	276
澳门	120

B

B超	221
巴黎	265
白天	110
百	092
百年大计	291
班级	097
颁布(宣布)	194
搬家	237
办公	043
办公室	185
帮助	052
榜样	021
包括	232
包围(围绕)	201
包子	033
宝塔	182
保安	027
保护(保障)	192
保留	168
保姆	026
保卫	200
保养	224
保佑	180
保证	192
报答	242
报到	047
报告(告诉)	195
报名	105
报销	081
报纸	094
爆米花	139
爆炸	203
杯子	143
北京	119
背诵	103
本领	042
笨(傻)	055
比较(比赛)	058
比喻(比如)	102
笔记	100
毕业	099
壁虎	251
避免	166
避孕	218
边防	198
编码	248
编制	193
变法	183
变化	063
便条	154
标本	250
标语	190
标志	156
标准	087
表面	115
表演(演出)	095
殡仪馆	155
病历	107
玻璃	146
菠萝	141
播种	085
伯父	019
伯母	019
博物馆	207
渤海	262
补偿	080
补种	079
补助	152
不够	067
不顾(不管)	237
不能	237
不同(不一样)	069
不一定	122
不一会工夫	280
不知道(不懂)	059
步骤	196
部队	199
部分	157

C

CT	221
财政	076
裁判	217
采访	152
参观	051
参加	196
参考	238
残疾人	014
残酷	173
灿烂	170
仓库	074
苍蝇	250
藏族	177
操场	106
测听	221
茶壶	143
查询	238
产妇	218
产品	087
产生	161
产值	086
阐明(说明)	244
忏悔	179
颤抖(哆嗦)	220
长江	120
长征	203

307

唱歌(歌唱) 095	传染 221	单位 185	奠定 075
超越 160	传统 277	耽误 166	雕刻 208
朝鲜 263	传统 116	但是 123	吊环 215
嘲笑 274	船(轮船) 089	蛋 138	订婚 147
吵架(纠纷) 053	窗 145	蛋糕 140	定居 147
车站 088	床 036	档案 194	定期 226
衬衣 031	吹风机 144	倒闭 084	东道主 021
称赞 050	春节 113	倒计时 277	东京 264
成长 106	词典(辞典) 213	倒霉 165	动画片 207
成都 259	辞职 151	道德 229	动机 230
成果(效果) 044	慈善 230	道理 230	动态 156
成绩 098	次要 175	道路 088	动员 197
成见 154	刺猬 251	得罪 154	斗争 191
成年人(大人) 015	葱 142	德国 264	读书 098
成熟 085	促进 162	德育 096	锻炼 104
成效(成功) 158	醋 141	登记 216	对不起 051
诚实(诚恳) 059	存在 228	登山 216	对联 209
承包 080	挫折 164	等候 239	敦煌 261
承担 195	措施 196	抵制 191	多媒体 213
承认 231	错误(过失) 070	地方 186	
城市 118		地理 118	E
乘客 029	D	地球 120	俄罗斯 265
程度 159	搭配 161	地毯 144	峨眉山 262
迟到 048	答应 238	地铁 088	恶意 234
持之以恒 125	打架 042	地域 180	儿科 108
翅膀 250	打扰 239	地震 254	儿子(男孩) 018
充满 286	大方 236	地址 039	耳环 032
充满 161	大方 060	弟弟 017	
憧憬 230	大概 122	第一届 243	F
宠物 249	大家 012	点名 101	发财 083
抽签 217	大名鼎鼎 284	点燃 276	发明 285
出色 173	大学 097	点心 140	发明(创造) 242
出席 196	代表 278	电冰箱 037	发射 203
出现 063	代理 078	电焊 288	发生 063
出租 081	待业 043	电话 040	发现 239
初中 097	担保 079	电视机 037	发扬(弘扬) 160
除夕 113	担心 236	电视台 209	发育 249
储存 077	单纯 173	电梯 040	发展 062
传递 246	单价 082	电影 095	翻译 025

反常 169	复制 087	公共汽车 089	广告 206
范围 228	副业 086	公平 068	广西 256
方案 194	**G**	公司 072	归纳 230
方法 232	改革 192	公务员 024	规定 195
方式 241	改善 162	公益 158	规范 195
方向 226	干部 027	公园 094	规格 074
方针 190	干净 067	公约 205	规律 231
防盗门 146	干枯 172	功绩 151	规模 156
防空 198	干涉 205	功能 156	柜台 081
防守 201	甘肃 256	宫殿 183	贵州 256
防汛 085	感动 055	巩固 166	国防 198
访问(走访) 051	感觉 058	共产党 186	国歌 184
放假 048	感冒 107	共产主义 186	国际 263
放射科(X光) 221	感染 221	共青团 187	国际 121
放心 056	岗位 043	贡献 044	国家 184
飞机(航空) 089	纲领 190	沟通 275	国旗 184
肥皂 036	纲要 194	沟通 049	国庆节 114
沸腾 245	钢笔 100	构成 159	国务院 185
分 111	钢琴 095	够 067	过程 231
分贝(dB) 246	港币 077	孤儿 016	过敏 219
分歧 161	高档 082	古代 183	过期 226
分析 233	高跟鞋 138	古都 276	**H**
奋斗 191	高粱 142	古迹 181	哈尔滨 257
丰富 064	高雄 259	股份 078	哈密瓜 142
丰收 074	高中 097	股票 076	海防 198
风格 210	哥哥 017	故宫 261	海关 078
风俗 049	割据 181	故宫 121	海军 199
封建 182	个别 241	故事 278	海峡 254
讽刺 241	个体户 026	故事 210	海洋 118
凤凰 251	各尽其能 125	顾客 022	害怕 236
服务 043	根源 159	挂号处 107	害羞 236
符合 068	更新 160	挂失 075	害羞 057
抚养 148	工程 075	关键 172	寒假 103
辅导 101	工会 187	观察(侦查) 233	汉堡包 139
父亲(爸爸) 017	工具 145	冠军 105	汉族 176
负责 044	工人 023	管理 193	旱灾 254
附件(附录) 194	工资 072	贯彻 159	豪华 165
复印 094	工作 042	光荣 169	号码 248
复杂 281		广泛(普遍) 160	

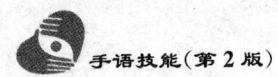

号召 191	会见(接见) 152	季节 112	骄傲 057
合肥 258	会议 196	季军 105	饺子 034
合格 099	会诊 222	济南 257	教案 211
合同 080	昏迷(休克) 219	加班 045	教材 213
和睦 163	婚姻 147	加拿大 120	教导 101
和平 199	活动 051	加强 066	教练 025
核桃 142	活该 173	家(房子) 039	教师 024
核心 279	活泼 170	家具 036	教室 102
核心 171	火车 088	家禽 086	教堂 180
黑龙江 255	或者 122	家庭 039	教徒 179
呼和浩特 257		家属 020	教学 101
互动 279	**J**	价格 073	教育 096
互相 052	击剑 217	价值 272	接力 214
护理 223	鸡 034	价值 073	接受(接收) 052
护士 025	积极 069	驾驶员（司机） 026	节俭(节约) 064
花蕾 252	基本 168		节目 095
花园 040	基础(根据) 066	坚强 172	节日 112
华侨 023	基督教(天主教) 179	坚强 060	节育 218
华盛顿 265	基金会 188	坚信 272	杰出 173
滑冰 216	激动 235	兼并 181	结果 062
化石 182	激光 245	检录处 216	结婚 040
化学 247	激励 282	剪刀 144	结算(结账) 076
化验(显微镜) 108	吉林 256	减少 243	姐姐 017
化妆(打扮) 042	吉祥 163	简单 070	解放军 026
画家 025	极端 171	见面 051	解剖 249
怀疑 057	急救 224	建交 204	解散 162
怀孕 219	急忙 065	建设 072	解释 281
欢聚 147	集市 081	建筑 075	介绍 045
欢送 152	集体 188	健全 161	戒指 032
欢迎 051	集团 188	渐渐 123	借款 078
环境 047	集邮 208	江苏 119	借条 079
幻灯 212	集中 063	奖章 105	今天 110
黄河 120	计划(设计) 191	降价 083	金牌 106
谎话 060	记录 212	降落伞 204	金融 076
恢复 162	记忆 058	酱油 141	紧张 065
回家 039	记者 025	交换 082	锦标赛 214
回族 178	纪念 242	交际 278	尽量 122
汇报 196	技术员 029	交流 049	进步 170
汇款 075		交通 088	近代 183

近视　219
禁止　166
经费　076
经过　123
经济　074
经理　029
经历　149
经验　150
经营　152
惊讶（惊奇）　061
精彩　174
精神　229
井冈山　260
景德镇　259
警察　027
警卫　200
竞争　045
敬礼（致敬）　053
镜子　143
酒精　223
就业　043
居民　011
居住　039
局长　028
举重　215
具体　232
俱乐部　206
距离　244
决赛　216
决心　056
倔强　234

K

咖啡　139
开创　159
开会　046
开始　064
康复　108
抗洪　085

考察　195
考古　181
考勤　045
考试（测验）　102
烤　149
科长　028
科目　102
科学　229
可怜　163
克服　163
刻苦　067
客观　228
课程　273
课程　101
空调　038
空军　199
空气　247
孔雀　251
快餐　140
快乐（高兴）　061
旷工　047

L

拉萨　259
蜡染　288
来不及　226
来得及　227
兰州　263
劳动　043
劳动节　113
老板　022
老人　014
雷达　203
累（疲倦）　046
离婚　041
礼貌　049
礼物　050
理发　149
理解（领会）　233

理疗　218
理想　228
理由　231
力量（能力）　044
立场　228
立春　226
利益　158
利用　062
连续　064
联合国　204
联合会　188
联系　151
廉政　190
镰刀　085
练习（复习）　102
恋爱　040
亮堂堂　284
辽宁　256
聊天　148
了解　273
了解　058
邻居　012
淋浴　148
灵魂　285
领导　027
领空　198
领土　198
另外　124
留学　211
流产（小产）　218
流程　086
流行　160
聋人　014
聋人节　114
楼房　072
庐山　261
陆地　118
陆军　199
陆续　277

录取　101
录像机　144
旅客　023
旅游（游览）　094
律动　212
论文　210
骆驼　250
落后　172

M

麻烦　065
麻将　208
麻醉　222
马虎　282
马拉松　214
蚂蚁　251
买卖　073
满意　056
满足　236
满族　176
忙　046
盲肠炎（阑尾炎）
　　220
盲人　014
毛笔　100
毛巾　037
毛衣　031
矛盾　232
茂盛　161
帽子　031
没有（无）　066
每天　109
美国　263
美术（绘画）　096
美元　077
妹妹　018
魅力　167
门　145
门卫　027

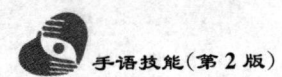

门诊 108	南京 119	贫血 220	巧合 174
蒙古族 177	南宁 258	频道 246	亲戚 020
米饭(粮食) 033	南通 286	品尝 149	秦皇岛 259
秘密 172	难过 061	聘书 150	青海 263
密码 248	内科 107	聘用 047	青稞 142
密切 167	内(里面) 115	乒乓球 105	青年 014
蜜月 147	内蒙古 255	平衡 231	清楚 067
面包 033	内容 093	平衡木 215	清明节 113
面积 245	尼姑 181	平均 241	清醒 219
面临 274	年级 097	苹果 035	蜻蜓 250
面条 034	年龄 109	破产 084	情报 203
苗族 177	年限 225	破坏 192	情况 068
秒 111	宁夏 256	扑克牌 208	情相通 283
庙宇 178	牛奶 034	菩萨 181	请 050
民兵 200	纽约 265	普及 160	请假 048
民主 162	农村 084		请客 153
民族 176	农民 024	**Q**	蚯蚓 252
名牌 082	努力 060	妻子 020	驱逐(开除) 205
明天 110	女儿(女孩) 018	祈祷 180	权力 189
明孝陵 276	女(姑娘) 013	旗 285	权利 189
明星 021	女士 013	旗袍 137	权威 151
命名 194	女婿 018	气体 247	权限 189
命题 243	暖水瓶 143	气象 117	权益 291
命运 282		企业 074	缺点 274
摸底 289	**O**	汽车 089	缺点 070
模仿 239	欧元 077	汽油 146	裙子 032
默哀 154	欧洲 264	启发 213	群众 012
默默耕耘 290	偶然 232	起床(起身) 041	热烈 161
默契 168		千 092	
母亲(妈妈) 017	**P**	铅笔 100	**R**
目标 157	排球 104	铅球 215	人民 011
目的 174	叛徒 202	谦让(客气) 053	人民币 077
募捐 153	培养 271	谦虚 057	认识 229
	赔本 083	签字(签名) 193	认真 044
N	配方 247	前途 157	任务 044
耐心 235	盆景 252	谴责 205	仍然 123
南昌 258	烹饪 149	羌族 178	容易 065
南非 264	朋友 013	强盗 202	融入 275
南京 287	贫困 064	强调 238	肉 138

索 引

如果 122	生命 249	手表 032	孙女 018
弱智人 015	生气(气愤) 061	手枪 203	孙子 018
	生日 112	手术 222	损失 083
S	声音 246	手语 015	
"三八"妇女节 113	胜利(赢) 201	首都 184	**T**
伞 144	圣火 276	书包 100	台北 259
散文 211	省会(省) 118	书(本) 098	台灯 144
陕西 256	剩余 244	书法 209	台湾 120
汕头 260	失败(输) 202	书记 028	太阳 117
善良 234	失落 234	叔叔 019	太原 257
善良 057	失眠 219	梳头 041	态度 059
伤心 061	失踪 167	疏远 165	泰山 261
商标 081	师傅 022	输血 223	泰州 286
商店 073	诗 285	蔬菜 034	瘫痪 221
商量 240	十分(最、很、极、更) 053	熟悉 164	探望 041
上班 045		暑假 103	淘汰 083
上帝 179	石家庄 257	树木 252	讨论 197
上海 119	石油 255	摔跤 274	讨厌 236
上课(上学) 098	时代 225	水产 035	特点 067
上午 110	时机 225	水果 035	特殊(特别) 232
少林寺 263	时间 109	水库 085	特务(间谍) 204
少年宫 209	时期 225	水平 042	特征 169
少数民族 176	实惠 082	税款 079	提高 062
少先队 187	实际 241	睡觉 041	提醒 239
奢侈 165	实践 229	顺利 291	题目(标题) 095
舍不得 241	实事求是 124	顺利 065	体操 104
社会 048	食品 033	顺序 248	体系 157
社会主义 185	食物 138	丝绸 137	体现 158
摄像(录像) 207	世界 120	死亡 250	体育 103
申请 195	市场 073	死刑 197	天安门 119
身体 011	事情 068	苏州 255	天津 119
深刻 175	事业 068	素描(写生) 209	天气(气候) 117
神甫(神父) 179	试验 087	素质 229	天堂 180
沈阳 257	视力 106	速度 245	天文 117
审计 077	视若无睹 287	算了 124	天真 281
婶婶 019	是 066	算命 180	田径 214
升学 099	是非 192	算术(计算) 243	田野 084
生活 039	收入 074	虽然 122	挑衅 205
生理 217	收条 079	随便 073	挑战 200

313

条件 271	玩具 208	**X**	享受 052
跳水 215	玩笑 148		想念 059
听力 106	挽救 197	西安 258	项链 032
停止 065	晚上 111	西餐 140	象征 159
通顺 166	万 092	西服 137	橡皮 101
通俗 172	网络 248	西瓜 035	消毒 218
通知 194	网球 104	西双版纳 260	消灭 201
同胞 013	忘记 059	希望 055	销毁 168
同情 235	望远镜 203	牺牲 202	小孩儿（儿童、
同事 012	危险 066	悉尼 265	少年） 013
同学 013	威信 046	习惯 049	小康 175
同意 239	微波炉 145	媳妇 018	小时 111
同志 012	唯一 170	洗脸盆 143	小说 093
瞳孔 285	维吾尔族 177	洗衣机 038	小学 099
统计 076	卫生 106	洗澡 041	校长 029
统一 229	伟大 169	喜欢（愿意） 056	协会 188
痛苦 064	位置（位） 115	戏弄 242	协议 205
投降 202	委屈 235	系列 157	鞋子 031
投影 246	委员会 187	系统 157	写字 098
投资 080	文化 093	虾 035	谢谢 050
突然 226	文明 063	下班 045	心电图 222
突围 201	文凭 103	下岗 046	心理 055
图书馆（书店） 094	文物 182	下课 098	心情（情绪） 235
徒弟 022	文艺 093	下午 110	心相连 283
土地 084	文章 210	厦门 260	辛苦 046
土家族 177	蚊子 251	先进 171	欣赏 238
团结 063	我们 012	先生 013	新闻（消息） 094
退休 048	握手 050	鲜艳 174	新鲜 174
拓宽视野 291	无话不谈 284	显现 275	信心 056
	无悔 273	现代 183	兴趣（趣味） 055
W	无私奉献 290	现象 228	星期一 109
外汇 077	无锡 255	现象 210	行为 058
外交 204	武汉 258	现在 112	行为（行动） 237
外科 107	武术 215	详细 065	行业 074
外（外面） 115	武装 199	相对论 282	形式 093
外祖父（外公） 016	舞蹈 095	相同（一样） 069	幸福 063
外祖母（外婆） 017	误差 087	香蕉 035	性格 233
完美（完善） 164	误会（误解） 053	香烟 141	性质 066
完全（都） 069		享受 148	姓名 015

索 引

熊猫 250	要(需要) 052	拥挤 070	孕妇 218
休养 151	业务 080	勇敢 234	运动 104
修养 053	业余 150	勇敢 060	运河 262
宣传 094	液体 247	用途 158	运气 164
玄武湖 276	一技之长 272	优点 070	
选择 275	一刹那(一会儿、	优良 175	**Z**
靴子 138	一瞬间) 111	优势 156	杂技 207
学生 026	一星期 109	优先 064	杂志 211
学术 151	衣橱 032	优秀 015	灾害 086
学习 099	衣服 031	由于 123	再见 050
学校 099	医生(大夫) 025	油 141	赞助(资助) 153
寻找 240	医院 107	油漆 145	早上(早晨) 110
巡逻 200	仪仗队 204	游戏(玩) 096	早退 048
训练 214	遗传 249	游泳 215	造句 102
迅速 275	遗憾 234	游泳(蛙泳) 105	责任(委任) 047
	遗址 182	友谊 278	增加 243
Y	以后 111	友谊 152	战士 199
押金 078	以前(过去) 111	有限 154	战争 200
鸭 034	椅子 036	有效 158	站岗 201
牙刷(刷牙) 037	亿 092	幼儿园 099	掌握 273
亚军 105	义务 190	羽毛球 104	掌握(把握) 240
烟消云散 287	艺术 210	羽绒服 033	蟑螂 252
延安 260	疫苗 223	语文 098	丈夫 019
严格 069	意大利 264	玉米 141	招聘 047
严肃 170	意思 231	育种 079	招收 150
严重 173	意义 157	预防 223	照顾 052
炎黄 182	阴霾 283	预赛 216	照片 096
研究 233	阴谋 193	元旦 112	照相(摄影) 096
盐 141	银川 258	元宵(汤圆) 140	阵地 201
颜料 145	银行 072	原谅 051	针对 123
颜色(色彩) 068	饮料 139	原因(缘故) 231	针灸 223
眼镜 032	隐患 167	原则 189	诊断 217
演习 200	印度 264	圆满 164	珍贵 073
扬州 286	印象 233	圆珠笔 100	珍惜(珍爱) 272
养殖 086	应用题 244	约会 153	珍惜(珍爱) 069
氧气 248	英国 264	约束 166	真空 246
样品 087	英雄(模范) 021	月亮 117	真理 230
要害 171	营养 219	钥匙 147	真实 169
要求 059	影响 279	云南 257	争夺(掠夺) 192

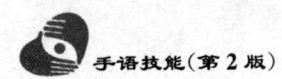

整齐 067	中国 118	专业 097	祖父(爷爷) 016
正规 171	中间 115	转让 080	祖国 184
正式 278	中秋节 114	壮族 178	祖母(奶奶) 016
正式 174	中午 110	追求 240	钻石 255
证明 240	中央 186	准备(筹备) 240	最后 124
证券 076	终于 124	准确 168	最近 112
证书 100	种 084	卓越 171	尊敬 274
郑州 258	种类 146	桌子 036	尊敬(恭敬) 059
政策 191	重量 245	资本主义 186	昨天 109
政府 184	重听 217	资格 149	作弊 212
政治 189	重要 069	资料 213	作风 191
支部 187	周到 170	紫峰大厦 277	作品 210
支出(消费) 072	周年 225	自卑 235	作文 102
支援 238	周期 225	自卑 057	作用 062
知识分子 024	周围 115	自豪 237	座谈 206
肢残人 014	珠海 260	自己 012	**数字**
执勤(值班) 047	珠穆朗玛峰 262	自力更生 125	1 089
执照 083	竹编 288	自立 192	2 090
执政 189	主持 196	自然 211	3 090
直爽 237	主动 163	自私 235	4 090
职业 023	主动 070	自行车 088	5 090
职员 029	主教 179	自由 162	6 090
植物 251	主流 254	字 212	7 090
殖民 193	主权 189	字典 212	8 090
纸 103	主任 028	宗教 178	9 091
指导 284	主席 027	宗旨 190	10 091
指南针 247	主张 190	总结 195	30 091
制定(制订) 193	属于 169	综合 244	40 091
制度 193	助听器 108	粽子 139	50 091
治疗 222	注册 083	租 081	60 091
智慧 286	注意 058	足球 104	70 091
智慧(聪明) 055	著名 173	阻力 246	80 092
智育 097	专家 022	组长 028	90 092
中耳炎 220	专心 056	组织 188	